Eine Reise zu den »Digital Natives«

Wegweiser für Lehrende und Eltern

Erarbeitet von

David Gels und Florian Nuxoll

Herausgegeben von

Florian Nuxoll

westermann GRUPPE

© 2017 Bildungshaus Schulbuchverlage
Westermann Schroedel Diesterweg Schöningh Winklers GmbH, Braunschweig
www.diesterweg.de

Hinweis zur Benutzung von männlichen und weiblichen Formen: Die männliche Form impliziert auch die
weibliche Form. Auf die Verwendung beider Geschlechtsformen wird lediglich zwecks besserer Lesbarkeit
des Textes verzichtet.

Druck A¹ / Jahr 2017

Redaktion: Christoph Golla und Thomas Götjen
Umschlaggestaltung: LIO Design GmbH, Braunschweig
Layout: Anna-Maria Klages, Wuppertal
Druck und Bindung: westermann druck GmbH, Braunschweig

ISBN 978-3-425-**04552**-8

Inhalt

Familienalltag in der Smartphone-Welt – Über die gegenwärtige Situation und die Ziele dieses Heftes

„Eltern haben keinen Geschmack. Eltern hören schlechte Musik. Eltern sind scheiße angezogen. Eltern geben zu wenig Taschengeld. Eltern verstehen gar nichts. Eltern wissen nicht, was Instagram ist. Opfer." Die Journalistin und Schriftstellerin Ronja von Rönne, Jahrgang 1992, hat diese verknappten Beschimpfungen aus der Sicht Dreizehn- bis Sechzehnjähriger in einen unterhaltsamen Essay zum Thema Familie einfließen lassen (RÖNNE 2016). Geschmacklos, geizig, ahnungslos? Das hört natürlich keiner gern. Aber, wenn wir ehrlich sind: Das Bild, das in dem knappen Zitat aufscheint, kennen doch alle, die mit Jugendlichen zu tun haben. Familienalltag, das bedeutet in einem bestimmten Alter für viele, sich vor allem gegenseitig irgendwie auszuhalten. Das geht vorbei, heißt es dann. Oder: Es ist ja nur eine Phase. Wenn man als Eltern oder Teenager gerade mitten in einer solchen Phase steckt, oder als Lehrer vor 30 pubertierenden Achtklässlern steht, ist das natürlich kein Trost!

Ein zweiter Blick auf die eingangs zitierte Eltern-Beschreibung macht aber auch klar: Bei den Konfliktlinien im Familienalltag gibt es Konstanten, die von Generation zu Generation weitergegeben werden und unabänderlich scheinen. Wem waren seine Eltern nicht ab und an ganz furchtbar peinlich? Wer von uns hat sich immer verstanden gefühlt? Wer hat nicht gelegentlich ums Taschengeld gefeilscht? Manches ändert sich nie.

Anderes allerdings ist grundsätzlich neu. Und genau hier setzt unser Heft an: „Eltern wissen nicht, was Instagram ist. Opfer." Hinter diesem kleinen Verachtungs-Ausruf scheint eine ganze Welt auf, die für sehr viele Eltern und Lehrer noch immer neuartig ist. Instagram steht hier als Beispiel, als ein kleines Puzzleteil innerhalb der digitalen Revolution. Diese völlige Veränderung von Kommunikationsmöglichkeiten und Lebensstilen haben alle, die über dreißig sind, in ihren unterschiedlichen Vorstufen miterlebt. Manche vielleicht begeistert, andere zurückhaltend. Für Jugendliche, die heute zwischen dreizehn und sechzehn sind, ist das, was für Erwachsene das Neue ist, die Normalität. Sie sind „Digital Natives", sie beschäftigen sich von Beginn an mit diesen digitalen Welten, sie bewohnen sie geradezu, sie kennen die eigene Welt gar nicht anders als mit permanentem Internet-Zugang. Und wer nie im Offline-Modus gelebt hat, der weiß natürlich sofort, dass Instagram eine App ist, mit der man Fotos und Videos teilen kann.

Falls Sie sich gerade fragen, was jetzt eigentlich eine App ist, sind Sie hier richtig aufgehoben. Im Glossar greifen wir grundlegende Begrifflichkeiten des digitalen Zeitalters auf und erklären sie knapp. Es lohnt sich aber auch weiterzulesen, wenn Sie sowohl Apps als auch Instagram schon kennen, und auch sonst wissen, wie die digitale Welt aussieht. Wir möchten mit diesem Heft insgesamt eine Orientierung für all das bieten, was im Zuge der zunehmenden Digitalisierung an Veränderungen und Möglichkeiten auf uns zugekommen ist.

Bei einem ehrlichen Blick auf die Fülle der Veränderungen stimmt es ja meist schon, dass Jugendliche uns heute häufig einige Schritte voraus sind. Plattformen oder Apps, die wir gerade kennenlernen, nutzen sie schon selbstverständlich oder sind womöglich schon zur nächsten Plattform abgewandert. In den vergangenen Jahren hat sich für diese Generation der populäre Begriff „Digital Native" – „Digitaler Ureinwohner" – herausgebildet. „Digital Natives" kennen keine Welt ohne ihre digitale Erweiterung mehr. Sie sind also die „Ureinwohner" dieser neuen Technologien. Vieles nutzen sie fast automatisch, sind ständig offen für neuere Entwicklungen und auch auf der Suche nach diesen. Sie wissen zu bedienen, was sie gerade interessiert. Auf den ersten Blick wirkt das alles sehr beeindruckend, sehr souverän. Gleichzeitig fällt aber auf, dass den jugendlichen „Digital Natives" die vielschichtigen Hintergründe und Geschäftsmodelle dieser neuen Welt oft nicht bewusst sind. Fragen des Datenschutzes und weitere Gefahren spielen oftmals kaum eine Rolle. Das führt dazu, dass die „Digital Natives" zwar die Hauptstraßen in ihrer Welt kennen, sich aber bei Abzweigungen womöglich schneller als wir erwachsenen „Touristen" verirren. Diese dunklen Winkel betreten jugendliche Ureinwohner und erwachsene Besucher dann am besten gemeinsam, durchleuchten alle verdächtigen Ecken und entscheiden zusammen, ob und wo Gefahren lauern und wie man damit umgeht.

Gleichzeitig müssen wir als „Touristen" in einem fremden Land oft erkennen, dass die uns bekannten Sehenswürdigkeiten für die Einwohner selbst schon lange nicht mehr interessant sind: Das, was wir an Apps und Plattformen nutzen, ist bei Jugendlichen häufig längst veraltet, abgelöst von Neuerem, Interessanterem, Coolerem. Umso wichtiger ist es, dass wir uns Instagram und allen anderen Neuigkeiten gegenüber nicht vollkommen verschließen. Wir müssen nicht alle selbst zu „Power-Usern" werden und auch nicht jeden neuen Trend toll finden. Um aber ein gegenseitiges, besseres Verständnis zwischen Eltern und Teenagern zu erreichen, ist zumindest Offenheit und Lust auf Neues unabdingbar.

Das Ziel dieses Heftes ist also auch, etwas mehr Licht in die eigene Ahnungslosigkeit zu bringen, nicht zuletzt, um Konflikten zwischen Erwachsenen und Jugendlichen vorzubeugen. In einem ersten Teil stellen wir in kurzen Texten die digitale Entwicklung und damit den Stand der Dinge vor. Im Zentrum unserer Überlegungen steht dabei immer wieder das Smartphone mit all seinen Funktionen, denn sie stellen meist das Epizentrum der jugendlichen Lebenswelt dar. Wir bemühen uns um einen vielschichtigen Blick auf die Veränderungen, die mit dieser Technik auf uns alle zugekommen sind. Dabei nehmen wir neben den Risiken und Gefahren vor allem die Chancen und Möglichkeiten in den Fokus, die die neuen digitalen Kommunikations- und Bildungsformen uns allen eröffnen können.

Im zweiten Teil des Heftes werden wir ganz konkret: Apps, Plattformen, Online-Dienste, die im ersten Teil schon gestreift wurden, stellen wir hier ganz praxisnah vor. Dabei möchten wir nicht nur Fakten auflisten, sondern auch die Gründe erläutern, warum der jeweilige Dienst oder die App für Jugendliche attraktiv ist. Die Vorstellung endet mit konkreten Hinweisen und Tipps für Eltern.

Hier, wie auch im ganzen Heft, erheben wir nicht den Anspruch auf Vollständigkeit. Dies ist keine wissenschaftliche Abhandlung. Was wir bieten möchten, ist eine grundlegende Orientierung. Dafür können Sie kurze Erklärungen aller im Heft markierten Begriffe im Glossar ab Seite 82 nachlesen. Nach der Lektüre sollen Sie besser verstehen, was die eigenen Kinder oder Schüler möglicherweise tun, wenn sie allein oder gemeinsam auf ein Smartphone-Display schauen. Wie oben erwähnt, muss das eigentliche Ziel sein, gegenseitiges Verständnis zu fördern. Denn nur, wer wenigstens eine Ahnung davon hat, was in solchen Momenten abläuft, wie wichtig digitale Kommunikation im Alltag der Jugendlichen ist, der kann auch bei entsprechenden Problemen mit den eigenen Kindern oder Schülern ernsthaft und glaubwürdig das Gespräch suchen.

Für solche Gespräche beschreiben wir in jedem Kapitel mögliche Anlässe, Fragen und Themen, die aufgegriffen werden können sowie gemeinsame Lösungswege. Entscheidend ist der Austausch über den Umgang mit den technologischen Möglichkeiten. Dabei ist es vor allem wichtig, dass auch wir unser eigenes Medienverhalten reflektieren, denn auch wir sind Teil der digitalen Welt und nutzen beruflich wie privat Smartphones und soziale Netzwerke ganz selbstverständlich. Wir wollen in diesem Heft Anlässe für Gespräche zwischen Eltern und ihren Kindern, zwischen Lehrern und ihren Schülern schaffen, die auf Augenhöhe stattfinden.

Natürlich gibt es unterschiedliche Herangehensweisen der Generationen an die digitale Welt. Das will und wird auch dieses Heft nicht ändern. Dass es sich aber lohnt, gemeinsam über Risiken und Chancen der Digitalisierung nachzudenken, sollte in den folgenden Kapiteln deutlich werden.

Was bisher geschah…
Ein Blick auf das Tempo der Veränderungen
im digitalen Zeitalter

Damals   Heute

Zwei Beobachtungen sollen stellvertretend für die Entwicklung stehen, auf die wir in diesem Abschnitt schauen wollen, zwei Alltagsbeobachtungen, die ermessen lassen, wie tiefgreifend die Veränderungen sind, die sich durch das Internet und die damit einhergehenden technischen Neuerungen ergeben haben. Es sind kleine Momentaufnahmen, die jedoch zeigen, dass die digitale Vernetzung der Welt als größte mediale Umwälzung seit der Erfindung und Etablierung des Buchdrucks zu sehen ist.

Ort der ersten Beobachtung: Ein beliebiges S-Bahn-Abteil einer deutschen Großstadt, morgens, Berufsverkehr. Hätten wir eine Zeitmaschine und reisten nur zehn Jahre zurück, würde man ein Grundrascheln hören. Ein Großteil der Fahrgäste säße dort mit einer Zeitung, einer Zeitschrift, einer Illustrierten oder einem Buch in den Händen und verbrächte die Zeit bis zur Arbeitsstelle blätternd.

Das ist grundlegend vorbei. Wer heute in ein S-Bahn-Abteil blickt, sieht Menschen, die auf kleine oder kleinste Bildschirme schauen. Deren Finger über die glatte Oberfläche der entsprechenden Endgeräte streichen. Was diese Menschen tun? Schwer zu sagen. Vielleicht lesen sie die Online-Ausgabe ihrer Lokalzeitung. Vielleicht aber auch ein eBook. Möglicherweise spielen sie ein Computerspiel, schauen ein Video auf YouTube. Manche chatten. Oder sie erledigen gerade eine Geldüberweisung. Derweil hören sie – über dasselbe Gerät – Musik.

Es ist also eine Entwicklung zu beschreiben, die eine Explosion der Möglichkeiten mit sich gebracht hat. Kaum einer liest nur noch die Zeitung. Viele tun ganz viele und ganz alltägliche Dinge gleichzeitig. Dabei ist fast jede relevante Information überall greifbar und verfügbar.

Die zweite Beobachtung ist wenige Monate alt und ereignete sich beim Blick aus meinem Küchenfenster. Im Vorgarten, an, oder eher in der Hecke zur Straßenseite hin, befanden sich drei Jugendliche mit Smartphones, die sehr beschäftigt und aufgeregt aussahen – mir war nur nicht ganz klar, womit. Fenster auf, kurz mal nachfragen. Antwort: In unserer Hecke wohne ein Pokémon. Und das werde jetzt gefangen.

Ein Pokémon, ein digitales Fabelwesen, bei uns in der Hecke? Ist das jetzt Fiktion, Realität oder digitale Realität? Was sich in jedem Fall sagen lässt: Hier hat eine digitale Erweiterung der Realität stattgefunden. Die Welt wird zur digitalen Spielwiese.

Die hier skizzierten Begebenheiten zeigen: Es hat ganz offensichtlich mit den neuen technischen Möglichkeiten eine Verwandlung des Raumes stattgefunden, ebenso wie eine Verwandlung der bisherigen Kommunikations- und Informationswege. Vor allem aber kann man feststellen, dass die Veränderungen innerhalb eines sehr kurzen Zeitraumes gegriffen haben. Die Erfahrung mit dem Internet ist also auch und zuerst eine Beschleunigungserfahrung.

Während man in der zweiten Hälfte der 90er Jahre als Jugendlicher in Deutschland noch damit angeben konnte, gerade im Internet „gesurft" zu haben (was sich trotz der quälenden Langsamkeit der Internetverbindung immer auch ein wenig nach einem sportlichen Ereignis anhörte), waren zu Beginn des neuen Jahrtausends eigene E-Mail-Adressen und ein immer selbstverständlicherer Zugriff auf das Netz schon zur Normalität geworden. In den 2000er Jahren fanden zahlreiche grundlegende Entwicklungen und Neuerungen statt, die unseren heutigen Blick auf das Internet als Kommunikations- und Beschleunigungsmedium geprägt haben.

Im Jahr 2001 gründeten der Internet-Unternehmer Jimmy Wales und der Philosoph Larry Sanger die Internet-Enzyklopädie Wikipedia. Was als Projekt einiger ambitionierter Nerds begann, nahm mit ungeheurer Geschwindigkeit Fahrt auf, nicht nur im englischsprachigen Raum, sondern weltweit. Ein Wissensnetz entwickelte sich, das immer verzweigter und umfassender wurde. Gleichzeitig stand mit dem Logo, das den Planeten als Puzzle zeigt, ein grundsätzliches Versprechen der neuen digitalen Möglichkeiten im Zentrum. Die Chance, die sich stetig ausdehnenden Informationsberge und Wissensbereiche im Prinzip überall online nutzen zu können, verknüpft sich hier bildlich mit der Erkenntnis, dass die Arbeit an diesem Projekt niemals ganz fertig sein wird. Die Wikipedia berücksichtigt als Online-Enzyklopädie all das, was nicht mehr zwischen zwei Buchdeckel passt. Allein über zwei Millionen deutschsprachige Artikel gibt es schon, weltweit sind es zurzeit über 39 Millionen. Dieser faszinierende Beschleunigungsprozess dauert noch immer an, so lang die Autoren-Community an die Idee glaubt und sie weiterentwickelt.

Anhand der vielfältigen Autorenschaft bei der Wikipedia zeigt sich noch eine weitere grundsätzliche Veränderung innerhalb des digitalen Zeitalters. Jeder hat prinzipiell die Möglichkeit, selbst zu Themenbereichen, in denen man sich auskennt, eigene Texte zu verfassen und diese dann wieder mit anderen zu diskutieren. Solche

Zusammenhänge sind es, die den Begriff des interaktiven Web 2.0 geprägt haben. Der Nutzer ist also mehr und mehr nicht nur Konsument, sondern auch Produzent von Inhalten, die dann wiederum von anderen Nutzern bearbeitet oder kommentiert werden können. Diese Kombination aus den Möglichkeiten, zu konsumieren, aber auch Inhalte selbst zu kreieren und damit kreativ zu werden, haben auch Anbieter wie die 2005 gegründete Videoclip-Plattform YouTube zum Prinzip gemacht. Dass die Inhalte solcher Plattformen gewissermaßen explodieren und ständig neue Produkte hinzukommen, liegt auch an der zunehmenden Bedienungsfreundlichkeit. Vieles ist mittlerweile selbsterklärend organsiert, die Voraussetzungen für eigene kleine Beiträge sind niedrigschwellig.

Mit der Vorstellung des Smartphones im Jahr 2007 trat das kongeniale Hardware-Gegenstück zu all den digitalen Entwicklungen ins Rampenlicht. Wer heute die damalige Präsentation des Apple-Unternehmers Steve Jobs anschaut, muss anerkennen, dass Jobs schon bei dieser Vorstellung das wirklich weltverändernde Potential des handlichen Geräts vor Augen stand. Im Zentrum auch hier: Nutzerkomfort und Bedienungsfreundlichkeit. Nicht mehr als der eigene Zeigefinger sollte nötig sein, um sich zukünftig in der Welt zu orientieren. All die oben beschriebenen Neuerungen kann man also seit gut zehn Jahren in der Hosentasche mit sich führen. Und mittlerweile ist das Smartphone unser meistgenutzter Computer, dient immer weniger als Telefon, stattdessen zunehmend als Werkzeug für den Zugriff auf unterschiedliche Welten, als Orientierungshilfe und Service-Gerät.

Dass man die hier skizzierten Entwicklungen nicht nur als Fortschrittsgeschichte sehen kann, und dass deren permanente Beschleunigung und die Datenmenge, die jeder Nutzer selbst produziert, auch negative Seiten haben, wird in einigen der folgenden Kapitel thematisiert. Diesen Problemfeldern stellen wir die unbestreitbaren Chancen, die sich durch die neuen digitalen Möglichkeiten ergeben, entgegen.

Fazit:

Spätestens seit den 1990er-Jahren haben die digitalen Veränderungen eine ungeheure Dynamik entfacht. Aus einer Nische für Technik-Freaks entfaltete sich eine Online-Kultur, die ganze Gesellschaften weltweit erfasst hat. Für diese globale digitale Verwandlung der Welt stehen beispielhaft Angebote wie die Online-Enzyklopädie Wikipedia (seit 2001), Community-Plattformen wie YouTube (seit 2005) und das zu diesen Entwicklungen passende Gerät: das Smartphone (seit 2007). Um die Wirkungskraft dieser digitalen Umgestaltung erfassen zu können, lohnt sich ein Rückblick auf Marksteine dieser Entwicklung und auch auf die Zeit, in der ein Internetzugang noch nicht die Regel, sondern eine Besonderheit war.

Das Smartphone als neues Körperteil –
Die digitale Erweiterung des Menschen

Am vorläufigen Schlusspunkt der digitalen Beschleunigung, die im vorangegangenen Kapitel in ihrer Entwicklung skizziert wurde, steht ein kleines, ungeheuer wirkungsmächtiges Gerät: das Smartphone. Ob im öffentlichen Nahverkehr, in der Fußgängerzone, auf dem Schulhof; der Anblick von Jugendlichen, die konzentriert auf ihr mobiles Display blicken, gehört zum Alltag. Manche Erwachsene vermuten hier eine drohende Vereinzelung und fordern Einschränkungen. Lange Zeit beliebt war die Forderung nach einem Handyverbot in den Schulen. Hier sollen die Schüler, zumindest auf Zeit, von ihrem digitalen Begleiter getrennt werden. Beliebt ist ebenso, in der Schule über diese Entwicklung gemeinsam zu diskutieren und eine „argumentativ begründete Haltung zu entwickeln", zum Beispiel in einer Klassenarbeit. Eine Aufgabenstellung klingt dann etwa so: „Soll die Smartphone-Nutzung in der Schule verboten werden? Begründe." – Wenn Schüler über diese Frage nachdenken und zu einem differenzierten Ergebnis kommen sollen, liest man als Ergebnis oftmals solche staatstragenden Antworten: „In den jetzigen Pausen ist fast jeder nur am Handy und einige vergessen sogar, sich zu unterhalten. Dies finde ich sehr schade, da es viel wichtiger ist, sich mit seinen Klassenkameraden auszutauschen, zu lachen oder zu diskutieren." Oder so: „Ich bin dafür, dass die Nutzung des Handys während der Schulzeit verboten werden sollte, weil die Gespräche in den Pausen ohne das Handy deutlich mehr wären. Außerdem würden dann vielleicht mehr Schüler an die frische Luft gehen, um Sauerstoff zu tanken." Wenn jemand tatsächlich für das Smartphone argumentiert, dann steht da zum Beispiel: „Man könnte in den Pausen etwas Sinnvolles machen wie zum Beispiel Lernspiele spielen."

So also sieht die schöne Schulwelt in Zeiten sich immer weiter beschleunigender Digitalisierung auf dem Papier aus: Problembewusste Schüler fordern die Selbsteinschränkung, sehnen sich nach mehr Gemeinschaft, nach mehr Gespräch in den Pausen. Und falls das Smartphone zum Einsatz kommen sollte, dann für Lernspiele. Sie zweifeln? Alle oben angeführte Zitate sind echt. Wahr ist allerdings auch folgende Beobachtung: Vor und nach der Klassenarbeit waren dieselben Schüler dauerhaft mit ihren Smartphones beschäftigt, wischend, tippend, irgendwie abwesend – und erkennbar nicht mit Lernspielen befasst. Hier zeigt sich der Abstand zwischen Argument und Wirklichkeit besonders deutlich. Beim Verfassen der Arbeit treten die Schüler gewissermaßen wie ihre eigenen Pressesprecher auf und schreiben fleißig nieder, was sie davor und danach nicht umsetzen.

Dieses Phänomen ist bei allen Diskussionen rund um das Smartphone zu beobachten. Grundsätzlich äußern alle ihr Bedauern über den Zustand, halten ihn im Gespräch für wahnsinnig problematisch, gleichzeitig aber ist die Attraktion der medialen Möglichkeiten nach dem Ende der Debatte ungebrochen. Was ist das für eine grundlegende Änderung, die vor allem durch dieses kleine, ständig mitgeführte Gerät stattgefunden hat? Der Reiz unseres digitalen Begleiters ist offenbar so groß, dass der Bruch zwischen Anspruch und Wirklichkeit vielleicht noch erkannt und moniert, nicht aber verhindert werden kann.

Smartphones werden mittlerweile genauso selbstverständlich und dauerhaft am Körper mitgeführt wie zuvor etwa Schmuck oder Armbanduhren. Sie sind immer und bei fast allen Gelegenheiten anwesend. Während allerdings Schmuck in erster Linie schön und damit letztlich zweckfrei ist, während die Armbanduhr einen konkreten Zweck erfüllt (und vielleicht noch den eines Accessoires oder Statussymbols), hat das Smartphone völlig neuartige Qualitäten. Es wird von den Jugendlichen so automatisiert genutzt wie ein ergänzender Körperteil. Es dient als Gesprächsmöglichkeit über alle räumlichen Grenzen hinweg, als Ersatz für unzählige Wege, die man sonst niemals gehen könnte.

Damit verbunden ist eben die Chance, nahezu alles immer und überall verfügbar zu haben: Informationen, Freunde, auch Zerstreuungen aller Art. Das Potenzial unbegrenzter Möglichkeiten ist immer nur einen Wisch entfernt. Das reizt nicht nur junge Menschen. Wen wundert es da, wenn das tatsächliche, mediale Verhalten von Teenagern nicht zu dem in den Aufsätzen beschworenen Problembewusstsein passt? Es liegt in unser aller Natur, Möglichkeiten, die sich bieten, auch zu nutzen. Und Jugendliche, die sich ohnehin im Stadium des Ausprobierens befinden, nutzen diese neuen Attraktionen eben manchmal besonders exzessiv.

Der neue „Körperteil" Smartphone ist viel mehr als Kommunikations- und Konsumvehikel. Wer je mit Schülern oder den eigenen Kindern darüber gesprochen hat, was tagtäglich über das Smartphone versendet und empfangen wird, erhält einen Einblick in eine Welt, in der Fotos, Texte und Statusaktualisierungen das eigene Selbst sehr regelmäßig ins Digitale erweitern, in eine gewissermaßen den eigenen Körper überschreitende digitale Figur hinein. Auch dies muss nichts Negatives sein. Es kommt darauf an, wie man dieses digitale Selbstbild nutzt und natürlich, welche Bedeutsamkeit man ihm in seinem Leben einräumt. Der ehemalige Bundespräsident

Joachim Gauck hat für dieses eng mit dem Fortschreiten der Smartphone-Technologie verbundene Phänomen die griffige Metapher des „digitalen Zwillings" gewählt. Das Smartphone ist der ergänzte Körperteil, mit dessen Hilfe und vielfachen Funktionen diese dauernde Selbsterweiterung permanent aktualisiert werden kann.

Folgt man Gaucks Begrifflichkeit, dann ist das, was dort etwa als Bild des Jugendlichen entsteht, schon etwas wirklich Unabhängiges oder von ihm Losgelöstes, ein Zwilling eben. Und an dieser Stelle zeigt sich, dass der neue Körperteil, der uns allen, und vor allem den Teenagern, wie selbstverständlich zur Verfügung steht und dabei zwei Seiten hat. Gauck führt in diesem Zusammenhang aus: „[Die Nutzer] bauen an einem digitalen Zwilling ihrer realen Person, der neben ihren Stärken eben auch ihre Schwächen enthüllt – oder enthüllen könnte. Der ihre Misserfolge und Verführbarkeiten aufdecken oder gar sensible Informationen […] preisgeben könnte." (GAUCK 2013) Folgerichtig spricht der ehemalige Bundespräsident von einer Doppelgesichtigkeit dieser neuen Möglichkeiten.

Soziale Plattformen werden vom Smartphone aus mit immer weiteren kleinen Puzzlestücken unserer (digitalen) Persönlichkeit gefüttert. Das geschieht aber auch bei Jugendlichen meist nicht völlig unbewusst oder unreflektiert. Zumindest ältere Teenager sind sich durchaus bewusst, wem sie welche Aspekte ihrer Persönlichkeit zeigen wollen. Ein Beispiel: Facebook galt lange als gängiges Netzwerk für Jugendliche, bis dort auch die eigenen Eltern und Verwandten auftauchten und – gewollt oder höflich aufgezwungen – zum „Freundeskreis" hinzugefügt wurden. Das machte es zunehmend schwieriger, seinen digitalen Zwilling ungestört aufzubauen und zu etablieren. Mittlerweile gibt es die Möglichkeit, etwa dank Snapchat, unterschiedliche Freundeskreise aufzumachen und damit im Zuge der digitalen Erweiterung und Ausdifferenzierung des eigenen Selbst auch verschiedenen Gruppen Unterschiedliches von sich preiszugeben. Es kommt also darauf an, sich dieser Vielschichtigkeit intelligent und reflektiert zu bedienen.

Partizipation an der digitalen Welt bedeutet immer auch die Produktion und Weitergabe von personenbezogenen Daten. Wir stellen häufig uns unbekannten Plattform-Betreibern Unmengen an Informationen über uns selbst, unsere Interessen und Nutzungsgewohnheiten zur Verfügung. Diesen Aspekt, der zweifelsohne zu den Risiken der neuen Technik zählt, werden wir in diesem Heft noch näher beleuchten. Niemand möchte zum Spielball kommerzieller Interessen von Internetanbietern und Datenfischern werden – wohlwissend, dass die Sammlung und Nutzung unserer Daten nie ganz verhindert werden kann, solange wir teilhaben wollen am digitalen Austausch. Hier gilt es, die Forderung nach Wachsamkeit zu beherzigen, die der ehemalige FAZ-Feuilleton-Herausgeber Frank Schirrmacher in seinen Artikeln zu den neuen Entwicklungen der Digitalisierung immer wieder eingefordert hat:

„Jeder weiß, wie man ein Smartphone bedient; die politische Frage lautet umgekehrt: wie man verhindert, dass man vom Smartphone bedient wird." (SCHIRRMACHER 2014)

> **Fazit:**
>
> Das Smartphone ist, besonders bei Jugendlichen, so selbstverständlich Bestandteil von Alltagshandlungen und Alltagskultur geworden, dass man es gewissermaßen als neuen Körperteil begreifen kann. Damit besteht die Möglichkeit, sich jederzeit in die digitale Welt hinein zu erweitern und auch mit unterschiedlichen Persönlichkeitsmerkmalen zu spielen. Diese Entwicklung an sich ist weder gut noch schlecht. Auch die Tatsache, dass Jugendliche diese sich immer neu formenden Möglichkeiten intensiv nutzen, ist nicht zu verurteilen. Es kommt darauf an, reflektiert und verantwortungsbewusst mit der digitalen Erweiterung der eigenen Person umzugehen.

Ein Gespräch, das kein Ende mehr kennt – Zu den Phänomenen „Permanently online, permanently connected" (POPC) und „Fear of missing out" (FOMO)

In den Zeiten, in denen wir noch nicht komplett mit dem Smartphone verwachsen waren, galten grundsätzlich andere Kommunikationsformen als „normal". Man traf sich zum Gespräch, man telefonierte miteinander – schrieb sich gar einen Brief oder vielleicht schon eine E-Mail. Man las die Post oder Nachricht, antwortete darauf, man traf sich und verabschiedete sich voneinander, man begann und beendete das Telefonat. Bis zum nächsten Mal. All diesen „prähistorischen" Umgangsformen war gemein, dass das Gespräch einen Anfang und ein Ende hatte. Wenn sich das hier Beschriebene wie die Beobachtung eines Archäologen anhört, wird die ungeheure Revolution erkennbar, die in den vergangenen Jahren unser Sozialleben durcheinandergewirbelt hat. Ein „Normal" gibt es in der Kommunikation nicht mehr. Ein Blick in den Alltag:

Ein Jugendlicher, der morgens – wie könnte es anders sein – als erstes auf sein Handy schaut, wird schnell von 100 ungelesenen Nachrichten begrüßt. Und das jeden Morgen. Dabei sind 100 neue Nachrichten noch lange nicht das Ende der Fahnenstange. Fragen Sie Ihre Kinder oder Schüler. 100 neue Nachrichten, mit denen man als Jugendlicher morgens aufwacht, die gelesen werden müssen, die man einordnen und auf die, wie man meint, reagiert werden muss. Sonst ist man raus aus dieser Form der Kommunikation. So zumindest ist das Gefühl vieler Jugendlicher, deren Alltagshandeln stark auf das Smartphone konzentriert ist. Schnell noch mal checken, was es Neues gibt, um nicht den Anschluss zu verlieren.

Der Blogger und Journalist Sascha Lobo spricht dann auch in einer seiner Spiegel-Online-Kolumne von „digitale[r] Ungeduld". (LOBO 2011) Reaktionen oder Antworten müssen praktisch unmittelbar gesendet werden. Ein Begriff, der diese neue Nervosität beschreiben soll, lautet „Sofortness". Mit dieser Wortschöpfung versucht der österreichische Journalist und Schriftsteller Peter Glaser die beschleunigte, permanente Erwartungshaltung zu definieren. Und die betrifft neben Dienstleistungen und Konsumartikeln vor allem die eigentlich sehr persönliche Form des Gesprächs.

Die oben beschriebene Pause zwischen Gespräch und Gespräch ist also Geschichte. „Eine empfundene Pflicht" zum permanenten Reagieren sei das, so die Autoren von klicksafe.de, einer EU-Initiative für mehr Sicherheit im Netz. Das Pflichtgefühl, „möglichst schnell auf Nachrichten antworten zu müssen, führt schließlich dazu, dass das Smartphone ständig genutzt wird". (RACK/SAUER 2015) Und digitale Ungeduld kann schließlich das ganze soziale Leben bestimmen, sich zu einer permanenten Hektik auswachsen. „Geraten Nutzer in dieses Hamsterrad, entstehen ein ständiges Gefühl der Unruhe und die Angst, etwas zu verpassen, wenn der Blick nicht immer wieder auf den Smartphone-Bildschirm wandert." (EBDA.)

Wer sich dieser Nachrichtenflut entzieht, bleibt möglicherweise allein zurück. Das sorgt für einen enormen sozialen Druck. Wer ist schon stark, gefestigt genug, sich dem zumindest zeitweilig zu entziehen? Wenn alle Freunde, alle Mitschüler, Teil dieses dauerhaften Gesprächs sind, will man selbst der Einzige sein, der hier ausgeschlossen bleibt? Wohl kaum.

Das prominente Schlagwort für das hier umrissene Phänomen lautet „POPC": „Permanently online, permanently connected". Immer online, immer verbunden. Das Letzte, was man vor dem Schlafengehen macht: Ein Blick aufs Smartphone. Und das Erste am Morgen, direkt nach dem Aufwachen? Raten Sie mal!

Es lohnt sich aber, nicht nur auf die Jugendlichen zu schauen, sondern auch die eigenen Gewohnheiten in den Blick zu nehmen. Niemand sollte so tun, als sei all dies nur eine seltsame Ausformung von Jugendkultur. Unser Privatleben, unser beruflicher Alltag ist natürlich ebenfalls von diesem grundlegenden Wandel betroffen. Mittlerweile gehört es für viele zum guten Ton, ständig erreichbar zu sein und diese Erreichbarkeit auch von anderen einzufordern. Also schickt man zunehmend Kurznachrichten oder E-Mails von überall her: Wenn man Vorträgen lauscht, in den kurzen Pausen während der Arbeit, sogar aus dem Restaurant. Und während sich bei über Dreißigjährigen in diesem Zusammenhang – etwa beim Restaurantbesuch – noch Fragen von Höflichkeit und Etikette stellen, kann man beobachten, dass für nur einige Jahre jüngere Gäste diese Formfragen keine Rolle mehr spielen. Schauen Sie sich bei solchen Gelegenheiten um. Das Smartphone ist nicht unhöflich, sondern mittendrin und dabei. Oftmals liegt es direkt auf dem Tisch, ständig griffbereit. Es ist der selbstverständliche, regelmäßig aufleuchtende Begleiter dieser neuen Normalität.

Wer allerdings immer online ist und fortwährend mit zahlreichen Informationen zugeschüttet wird, der läuft Gefahr, in dieser unterschiedslosen Datenflut zu versinken. Zwischen sozialen Netzwerken, WhatsApp und sonstigen digitalen Diensten droht man, sich im digitalen Leben zu verlieren. Wer gar nicht mehr abschalten kann und für wen die Smartphone-Kommunikation nie endet, der erlebt in manchen Fällen enormen Stress.

Das digitale Geschwisterkind von „POPC" heißt „FOMO": Fear of missing out. Die Angst, etwas zu verpassen, die entscheidende Nachricht innerhalb der Datenflut nicht bemerkt zu haben, nicht darauf reagiert zu haben. „POPC" und „FOMO" kann man kaum getrennt voneinander betrachten. Sie gehören notwendigerweise zusammen. Viele Jugendliche verbringen daher mittlerweile einen großen Teil ihrer Zeit damit, sich in dieser schönen neuen Digitalwelt als Nachrichtenfilter zu betätigen. Die Chance, jederzeit auf fast alles zugreifen zu können, bringt auch die Angst des Verpassens mit sich. Wer unter „FOMO" leidet, erlebt die neuen Kommunikationsformen als Arbeit und nicht mehr als Möglichkeit. Diese hässliche Seite der neuen Technologien verbaut uns den Weg, die Chancen gezielt zu nutzen, die sich durch flexible, schnelle und mobile Kommunikationsformen ergeben.

Und diese hässliche Seite kann ganz konkrete, sehr unangenehme Folgen haben. Besteht keinerlei Trennung mehr zwischen beruflichen und privaten, zwischen wichtigen und unwichtigen Nachrichten, wird also alles unterschiedslos über das Smartphone transportiert, überfordert das auch die „Digital Natives" und begleitet viele davon bis ins Bett. Eine Pilotumfrage unter amerikanischen Kindern hat ergeben, dass „die Hälfte mit dem Smartphone am Bett [schläft]. Die Auswirkungen sind deutlich. Sie schlafen im Schnitt 20 Minuten weniger und fühlen sich am Morgen weniger erholt als Kinder und Jugendliche, deren Smartphone über Nacht nicht am Bett liegt". (RACK/SAUER 2015) Das Smartphone als Schlafkiller ist also eine ernstzunehmende Gefahr. „Die LED-Bildschirme von Smartphones, Tablets oder Laptops strahlen besonders viel Licht mit blauen Wellenlängen aus, die von uns als weiß und vom Körper als besonders hell wahrgenommen werden. Dieses blaue Licht [...] hemmt den Aufbau von Melatonin [Hormon, das den Tag-Nacht-Rhythmus beim Menschen steuert]. Die Folge: Wir können abends nicht gut einschlafen." (EBDA.)

„Was bedeutet es für innere Einkehr und Zuwendung nach außen, wenn online der Normalzustand wird und offline eine Art Notsituation (Funkloch! Akkuversagen!)." (VORDERER/KLIMMT 2016) Diese Frage der ZEIT-Autoren und Kommunikationswissenschaftler Peter Vorderer und Christoph Klimmt ist offensichtlich so klar beantwortet, dass an ihrem Ende nicht einmal mehr ein Fragezeichen steht. Funkloch! Akkuversagen! Was passiert mit Menschen, deren Handy nicht permanent bereit liegt? Wer bei Schülern schon einmal die alles umfassende Panik erlebt hat, wenn das Smartphone gerade verlegt ist, wer je Zeuge des entwürdigenden Schauspiels gewesen ist, das erwachsene Menschen aufführen, wenn „kein Signal" da ist, der beobachtet: Bei Vielen hat das Mobiltelefon mit all seinen Möglichkeiten längst die Kontrolle über das ganze Leben übernommen.

Gerade deshalb muss man nach Wegen aus diesem digitalen Dilemma suchen. Komplette Abstinenz bei Jugendlichen ist auch hier natürlich keine Lösung. Die meisten Erwachsenen müssten wohl selbst feststellen, dass sie so ihre Schwierigkei-

ten mit einer Komplettabkoppellung von der digitalen Außenwelt hätten. Das sollten Eltern im Gespräch mit ihren Kindern deutlich machen: Wenn man sich nämlich selbst eingesteht, dass man oft Angst hat, etwas Wichtiges zu verpassen, dann fühlen sich auch Jugendliche ernst genommen und man kann über dieses Problem eine wirkliche Unterhaltung auf Augenhöhe führen. Dann wird nachvollziehbar, dass auch Eltern oder Lehrer grundsätzlich Verständnis für die Gefahren von „POPC" und „FOMO" zeigen. Denn niemand, weder Erwachsener noch Heranwachsender, möchte seine Stellung im jeweiligen sozialen Umfeld verlieren. Und dieses Umfeld kommuniziert nun einmal zunehmend digital. Ob diese neue Form des Sprechens für den Einzelnen eher als Chance oder als Bedrohung wahrgenommen wird, ließe sich bei einem solchen Gespräch klären. „Fühlst du dich von den permanenten Posts gestresst?" Wenn die Antwort auf diese Frage „Ja" lautet, dann ist es sinnvoll, gemeinsam zu überlegen, was man dagegen tun kann.

Wenn eine solche Überforderung durch permanente WhatsApp-Nachrichten oder dauernde Status-Aktualisierungen in sozialen Netzwerken besteht, könnten Eltern und Kinder auf dieser Basis gemeinsame Formen oder Regeln etablieren. Durch diese soll verhindert werden, dass Kinder durch die digitale Kommunikation das Gespräch im echten Leben aus den Augen verlieren. Letztlich kommt es darauf an, den Datenstrom ab und an und bei bestimmten Gelegenheiten zu unterbrechen, etwa bei gemeinsamen Mahlzeiten, oder wenn man abends zusammensitzt. Und wenn dem Smartphone tagsüber schon eine so umfassende Bedeutung zukommt, dann sollte man nachts komplett darauf verzichten. Der Gewinn solcher Regulierungen besteht auch darin, zu erkennen, wie viel Zeit der digitale Begleiter im Alltag ohnehin schon einnimmt.

Solche Vereinbarungen können natürlich nur dann funktionieren, wenn sich auch die Eltern daran halten. Das ist für viele sicherlich eine ernsthafte Herausforderung, denn „POPC" und „FOMO" sind keine Phänomene, die Jugendliche exklusiv betreffen. Daher kann eine oben vorgeschlagene Reduzierung auch nur überzeugend und erfolgreich sein, wenn sich alle glaubwürdig mit ihrem eigenen Medienverhalten auseinandersetzen. Die Regeln sollten also für Eltern wie ihre Kinder gleichermaßen gelten, und auch von den Erwachsenen konsequent umgesetzt werden. Vor allem muss man selbst also ein überzeugendes Vorbild sein. Nur so kann man letztlich auch den Jugendlichen entsprechendes Selbstbewusstsein vermitteln: Du musst nicht jede Nachricht lesen, du musst nicht dauernd alles von allen kommentieren, du kannst Teil dieser Welt sein – und ihr dennoch nicht gehören. Bleibe eigenständig. Wähle bewusst aus, was wirklich für dich wichtig ist – und wann es für dich wichtig ist.

Fazit:

Die Tatsache, dass das Smartphone in den vergangenen Jahren zu einem ständigen Begleiter in allen Berufs- und Alltagssituationen geworden ist, kann zu einer problematischen Blickverengung der Nutzer führen. Gerade Jugendliche sind hier oft einem besonderen Druck ausgesetzt. Jeder ist grundsätzlich ständig erreichbar, und wer dann auf jegliche Kommunikation in sozialen Netzwerken oder Apps fokussiert ist, droht Gefahr zu laufen, das wirkliche Gegenüber aus den Augen zu verlieren und sich der ungeheuren Flut digitaler Nachrichten aus sozialen Netzwerken oder Messenger-Diensten auszuliefern. Diese Phänomene werden als „POPC" (Permanently online, permanently connected) bzw. „FOMO" (Fear of missing out) bezeichnet. Wenn das digitale Gespräch gar keine Pausen mehr kennt, kann das sogar die Gesundheit beeinträchtigen (zum Beispiel Schlafmangel). Zentral ist deshalb vor allem: Selbstbewusst entscheiden, was wichtig und was weniger wichtig ist, und Ruhephasen etablieren, in denen das Smartphone keine Rolle spielt.

Vom Wunsch, berühmt zu werden –
Über „Fame" als Triebkraft im digitalen Zeitalter

Wer Schüler fragt: „Welche Smartphone-Apps nutzt ihr privat, wie gestaltet ihr damit eure Freizeit?", der kann sich sofort größter Aufmerksamkeit und Begeisterung sicher sein. Eine Fülle neuer und neuster Möglichkeiten – im permanenten Wechsel. Die Welt, von der hier erzählt wird, ist groß und bunt. Sie ist ein nahezu unbegrenztes Versprechen. Neben kleinen Zeitvertreibs-Spielchen und Instant-Messaging-Diensten, über die das Privatleben sekündlich neu geplant werden kann, sind es vor allem Plattformen, auf denen jeder sich selbst darstellen kann: YouTube (seit 2005), Instagram (seit 2010), als aktuellere Entwicklung musical.ly (seit 2015).

Allen drei Plattformen ist gemein, dass Inhalte geschaffen und geteilt werden, dass jeder sich selbst ausprobieren und darstellen kann. Während es etwa bei YouTube noch ausgesprochen komplex und aufwendig ist, etwa gute Erklärvideos zu erstellen oder unterhaltsame kleine Nachrichtenformate zu entwickeln, kann bei musical.ly praktisch jeder sofort mit dem Smartphone ein eigenes Kurz-Video zu seiner Lieblingsmusik erstellen.

Wer Gespräche mit Jugendlichen über diese Social-Media-Plattformen führt, der erkennt eines schnell: Die Jugendlichen nehmen sich nicht nur als Nutzer oder Konsument wahr, sondern mehr und mehr als Teilhaber, ja als Gestalter dieser digitalen Welten. Und das Versprechen, das unausgesprochen oder sogar explizit im Raum steht, ist: Wer diese Möglichkeiten ergreift, wer sich mit ihrer Hilfe erfolgreich inszeniert, der kann sich der Bewunderung seines Umfelds sicher sein. Der wird bekannt. Oder sogar berühmt. „Fame" ist letztlich das Ziel, die digitalen Plattformen die Werkzeuge dafür. Die Währung dieses sehr ernsthaft und aufwendig betriebenen Gesellschaftsspiels sind Likes und Follower.

Eine der derzeit populärsten Plattformen dieser Selbstdarstellung ist musical.ly. Eine App, mit der jeder mit seinem Smartphone eigene lustige Videos zu seiner Lieblingsmusik aufnehmen und diese dann online stellen kann. Das benötigte Equipment ist in jedem Smartphone schon vorhanden. Mit Mikro und Kamera lassen sich kurze Videos in Sekundenschnelle und ohne Kosten produzieren. Von kompliziert und kreativ bis schnell und schrill: Jeder kann hier sein eigener Sender sein. Und prinzipiell kann die ganze Welt zuschauen. Jeder dieser kurzen musical.ly-Filme verkörpert den Wunsch nach Resonanz, nach Aufmerksamkeit. Hier bin ich! Und es ist eine Aufmerksamkeit, deren Erfolg in Echtzeit messbar ist. Wie viele Follower hat man, wie oft wird man gelikt?

Solche Entwicklungen beobachtet und beschreibt auch die Medienpsychologin Nicola Döring. Diese schreibt über den Trend, dass medienaffine Jugendliche „zuweilen Präsenzen auf Facebook oder Instagram [gestalten], die den Eindruck eines glamourösen, allzeit glücklichen Lebens mit vielen FreundInnen, spannenden Aktivitäten und stylischem Aussehen vermitteln." (DÖRING 2015) Diese Inszenierung eines aufregenden und rundum geglückten Lebens rufe bei weniger erfolgreichen und beliebten Jugendlichen oft Frustration hervor. Warum ist der andere interessanter, schöner, berühmter als ich?

Hier wird die Vorstellung des Pop-Künstlers Andy Warhol zur Wirklichkeit: „15 minutes of fame" – 15 Minuten Ruhm als Versprechen für jeden, der sich digital inszeniert und die Zuschauer überzeugt. Bei musical.ly wird diese Zeitspanne eingedampft auf maximal 15 Sekunden. Länger kann ein einzelner Video-Clip auf dieser Plattform nicht sein. Aber immerhin! Ein Mal leuchten, wenigstens für kurze Zeit, und für möglichst viele andere erkennbar sein. Das ist der Wunsch.

Woher kommt dieser Wunsch nach permanenter Selbstdarstellung, Resonanz, Anerkennung? Der oben geschilderte Zustand, der von vielen Erwachsenen erst einmal als problematisch, sogar als gefährlich gesehen wird, lässt sich auch als vorläufige Endstufe einer konsequenten Entwicklung begreifen.

Um deren Rasanz wirklich zu erfassen, müssen wir uns vor Augen führen, wie wir selbst medial aufgewachsen sind. In den 80er und 90er Jahren unterhielt man sich auf dem Schulhof über Filme und Serien, die abends zuvor geschaut wurden. Man sah etwa die amerikanische Serie „Eine schrecklich nette Familie" – war natürlich nicht selbst Teil dieser schrecklich netten Familie und lebte auch nicht in einem Vorort von Chicago, aber amüsierte sich über die Bundys aus der Distanz. Man erzählte sich, was man gesehen hatte, und wartete auf die nächste Folge. Dort mitzumachen oder in der „Lindenstraße" einzuziehen war keine Option, die ernsthaft diskutiert wurde. Es gab vielleicht den Wunsch, die Möglichkeit allerdings fehlte.

Wirklichkeit und Fiktion waren zwei säuberlich getrennte Bereiche. Auf der einen Seite: die Welt der Helden aus „Knight Rider" und „Baywatch" mit tollen Autos und tollen Körpern. Auf der anderen Seite: man selbst. Vielleicht nicht ganz so toll. Und dazwischen der flimmernde Bildschirm des Röhrenfernsehers. Bis in die 1990er Jahre gab es neben dieser räumlichen auch noch die zeitliche Trennung. Die Helden waren keineswegs immer und überall verfügbar. Nach deren Auftritten kamen Testbild und Sendeschluss.

Wenn man heute Jugendlichen vom Aufwachsen mit solchen Erlebnissen erzählt, stößt man auf irritierte Gesichter. Für heutige Schüler ist die hier skizzierte Jugend in den 80er und 90er Jahren eine so sehr vergangene Vergangenheit, dass sie als völlig unvorstellbar erscheint. Diese Reaktion zeigt vor allem die Rasanz der Veränderung, den völligen Bruch mit den Seh- und Gestaltungsmöglichkeiten des zwanzigsten Jahrhunderts. Raum und Zeit spielen in der digitalen Welt keine Rolle mehr. Alles ist immer verfügbar. Und die Trennlinie zwischen „drinnen" und „draußen", zwischen der Wirklichkeit und der Inszenierung, ist mindestens verwischt. Zum Teil ist sie gar nicht mehr erkennbar.

Diese Entwicklung lässt sich zunächst anhand von Fernsehformaten feststellen, die in den vergangenen Jahren an Bedeutung gewannen: In Sendungen wie Heidi Klums „Germany's Next Topmodel" oder „Deutschland sucht den Superstar" (DSDS) standen plötzlich Jugendliche vor der Kamera, die auch aus der Nachbarschaft kommen konnten. Eine Möglichkeit tat sich auf. Das Versprechen, mit einer einigermaßen überzeugenden Stimme, coolen Klamotten und entsprechendem Selbstbewusstsein ein „Popstar" werden zu können – oder wenigstens „prominent". Zumindest kurzfristiger Ruhm war nun für eine viel größere Gruppe zu haben. In einer Zusammenfassung unterschiedlicher wissenschaftlicher Studien zur Sicht Jugendlicher auf solche Reality-Formate betont Heike vom Orde, dass diese Sendungen auch die Perspektive der Zuschauer auf die entsprechenden Berufsbilder entscheidend beeinflussten. Die Ergebnisse einer der Studien zeigten, dass die Vielseher solcher Formate „den Anteil einschlägiger Castingshowberufe an der Gesamtbevölkerung signifikant höher einschätzten" und dass eine „umfangreiche Nutzung von Castingshows [ebenso] zu einem positiveren Bild dieser Berufsgruppen" führe. (ORDE 2012) Wer also sehr regelmäßig entsprechende Sendungen konsumiert, der sieht auch die dort gezeigte Welt als vorbildhaft, den Beruf Popstar oder Model als einen erstrebenswerten Zustand mit glückversprechendem Alltag an. Und wer nicht selbst ein Star werden kann, der hat immerhin das Gefühl, einen solchen miterschaffen zu können – durch die Teilnahme an entsprechenden Votings.

Nach einem ähnlichen Erfolgskonzept funktionieren die zahllosen Sendungen, die gezielt Realität und Erfundenes vermischen und damit ein eigenes Genre erschaffen haben, die Scripted Reality. Hier werden Problemfamilien ausgestellt, Menschen in ihrem Alltag permanent von Kameras begleitet, wird alles Private einer möglichst großen Öffentlichkeit verfügbar gemacht. Diese pseudo-dokumentarischen Formate mit ihrer behaupteten Authentizität versprechen vor allem eines: Um bekannt zu werden, muss man nichts können. Man muss nur irgendwie interessant oder anders sein. Prominent kann jetzt jeder werden. Dabei zeigt sich – so Heike vom Orde in ihrer Meta-Studie – dass viele jüngere und niedrig gebildete Jugendliche „den Inszenierungscharakter und die kommerziellen Anbieterinteressen von Reality-TV-Genres nicht durchschauen." (EBDA.)

Das Internet hat diese Entwicklung mit Plattformen wie musical.ly nochmals beschleunigt. Bei musical.ly kann tatsächlich jeder teilnehmen, der sich die App herunterlädt. Hier können Zwölf- oder Dreizehnjährige schon zu kleinen Stars werden. Und wer gesehen wird, der kann sich auch vermarkten. Ein Hintergrund-Artikel des ZEIT-Online Autors Patrick Beuth über das Phänomen musical.ly nimmt auf diesen Punkt direkt Bezug: „Die ersten Nutzer verdienen [...] schon Geld mit ihren 15-Sekunden-Videos, zum Beispiel die Geschwister Chany Dakota und Joely White aus Hessen, die eigentlich anders heißen, ihre richtigen Namen aber lieber nicht veröffentlicht sehen. Die beiden haben rund 250.000 Fans auf musical.ly." Und Beuth zitiert Chany, eine der beiden Teenager, mit der Bemerkung: „Wir bekommen tagtäglich Angebote für Product-Placement." (BEUTH 2016) Für die Unterhaltungsindustrie eröffnen sich also in der digitalen Welt ganz neue Partizipationsmöglichkeiten. Vor allem „die Musikindustrie ist glücklich", so Beuth weiter in seinem Artikel, „weil sie vielleicht den perfekten Kanal entdeckt hat, um jüngstmögliche Konsumenten anzusprechen." (EBDA.)

Als Eltern sollte man zunächst versuchen, die Attraktivität und den Reiz solcher Plattformen zu verstehen. Das ist am besten möglich, wenn man sich bei Angeboten wie musical.ly gemeinsam einige Clips ansieht. Denn auch da lässt sich feststellen: Sie sind von sehr unterschiedlicher Qualität – zum Teil sehr witzig und originell, gelegentlich auch eher banal und einfallslos. Von einem solchen gemeinsamen Anschauen ausgehend kann und sollte man über verschiedene wichtige Fragen ins Gespräch kommen: „Warum möchtest du auch ein solches Video erstellen, welche Vorstellungen zur Umsetzung hast du? Wer soll deinen Film sehen können – wer soll ihn nicht sehen können?"

Mit solchen Beispielfragen könnte man in ein Gespräch einsteigen. Es gibt hier keine verbindlichen Lösungen, allerdings erscheint es uns sinnvoll, immer die verschiedenen Möglichkeiten, die im Umgang mit solchen neuen Plattformen bestehen, gemeinsam zu betrachten, den Reiz zu verstehen und die Risiken gemeinsam zu diskutieren.

Gerade der Bereich der Kommerzialisierung sollte den Jugendlichen bewusst gemacht werden. Keines dieser Angebote existiert einfach so, sondern basiert natürlich auf zum Teil personalisierter Werbung. Man ist also nicht einfach nur Teilnehmer, sondern wird in erster Linie als Konsument betrachtet. Während die Likes die Währung sind, mit der man sich und seinen Erfolg von dem anderer abgrenzen kann, sind persönliche Daten die Währung, mit der jeder Teilnehmer selbst bezahlt.

Es ist sicherlich einfach, diese offensichtliche Sehnsucht nach „Fame" zu kritisieren. Die Probleme, die durch einen lockeren Umgang mit der eigenen Privatsphäre und großen Freigiebigkeit eigener Daten entstehen, sind unübersehbar. Überzeugender allerdings erscheint es, durch gemeinsames Nachdenken die nachvollziehbaren Motive der Jugendlichen ernst zu nehmen und darüber zu sprechen. Denn wenn wir uns an den Teenager erinnern, der wir waren: Hätten wir die Chance gehabt, uns ähnlich inszenieren zu können oder wenigstens eine kleine Komparsenrolle in unserer Lieblingsserie zu bekommen, hätten wir da nicht auch zugegriffen und uns als Gestalter, als Teilhaber gesehen? Und wäre es nur für ein paar Sekunden vermeintlichen Ruhms gewesen.

Fazit:

Mit populären Online-Plattformen wie YouTube, Instagram und musical.ly sind auch die Möglichkeiten für Jugendliche gestiegen, sich selbst zu inszenieren. Auf der einen Seite ist diese Entwicklung eine Chance, kreativ zu werden und nicht lediglich Konsument von Unterhaltungsformaten zu sein. Andererseits ist die Sehnsucht nach „Fame" problematisch, da bei vielen die Vorstellung verstärkt wird, man könne mit wenig Aufwand und exzentrischem Auftreten schnellen Erfolg haben. Vor allem muss bedacht werden, dass die Werbeindustrie ein vitales Interesse an den Nutzern solcher Plattformen und deren Daten hat. Tauschen Sie sich mit den Jugendlichen darüber aus und entscheiden Sie gemeinsam, wo die Grenzen verlaufen!

Der Nutzer als Konsument – Die neue Rolle der Werbung

Wenn Erwachsene Jugendliche fragen, was sie denn so im Internet machen, wie welche Apps funktionieren, und ob die Kinder nicht „mal eben bei einem kleinen Computerproblem helfen könnten", ernten die Hilfesuchenden oft nur ein mitleidiges Lächeln. So selbstverständlich, so souverän meinen sie über die digitalen Möglichkeiten zu verfügen. Und in der Tat: Sie sind schneller, sie kennen die wichtigen Funktionen, sie sind vertraut mit neuen und neuesten Angeboten. „Digital Natives" eben. Eine Welt ohne Internetzugang kennen sie nicht mehr. Und das allgegenwärtige Smartphone begreifen sie als Tor zur Welt im Hosentaschenformat.

Diese fast intuitive Vertrautheit zwischen digitalem Ureinwohner und seinem Werkzeug scheint im ersten Moment beeindruckend. Dem erwachsenen Gegenüber drängt sich der Eindruck auf, Jugendliche wären die Herrscher über die digitalen Räume. Da heißt es dann, man schaue dieses oder jenes „mal eben im Internet nach", oder man habe die relevanten Informationen „im Internet recherchiert". Alles ist immer sofort parat. Aktive Zugriffe auf das Weltwissen an fast jedem Ort und zu jeder Zeit zeigen uns, wie schnell und unkompliziert man offenbar Probleme lösen kann. Was viele Jugendliche in ihrer Begeisterung und fast automatischen Nutzung übersehen: Sie sind in erster Linie nicht die aktiven, kontrollierenden Nutzer der digitalen Angebote. Die digitalen Angebote nutzen vielmehr die Teenager. Der aktive Vorgang des Zugriffs auf Online-Informationen wird gewissermaßen gleichzeitig in einen passiven umgewandelt. Die Jugendlichen recherchieren also nicht nur, sie werden im selben Moment von interessierter Seite recherchiert. Und diesen Umstand macht sich die Werbung gezielt zunutze.

Der US-amerikanische Kommunikationswissenschaftler Fred Turner hat auf diesen Zusammenhang kürzlich prägnant hingewiesen. Hierbei bezog er sich auch auf die personalisierte Werbung, mit der etwa die Nutzer sozialer Netzwerke konfrontiert sind: „In den ersten Jahren des 21. Jahrhunderts verkauften die Schöpfer der neuen sozialen Medien dem Publikum eine neue Utopie. Doch statt, wie versprochen, die Welt zwischenmenschlicher Intimität zu eröffnen, entwickelten sich die sozialen Medien zur kommerziellen Bühne, auf der man stolz seine Selfies präsentiert, während man ganz nebenbei Daten abwirft, die sich von Staaten und Unternehmen nutzen lassen." (TURNER 2016) Aus der aufregenden und schönen Möglichkeit, privat jederzeit mit allen verbunden zu sein, entwickelte sich gleichzeitig ein Einfallstor für die Werbeindustrie, die ihre Produkte so immer direkter und passgenauer an den Kunden bringen kann. Reizvoll für die Werbewirtschaft sind hierbei vor allem die jungen Kunden, denn sie nutzen die technischen Möglichkeiten mehr oder weniger permanent, sind für Werbung in digitaler Form also mehr oder weniger auch permanent erreichbar.

Ein subtiles und nicht immer leicht zu entschlüsselndes Beispiel personalisierter, auf die Bedürfnisse Jugendlicher zugeschnittener Werbung findet sich in den Auftritten zahlreicher erfolgreicher YouTuber. Sie verdienen ihr Geld im Wesentlichen damit, zielgruppenorientierte Werbung zu machen. Da werden dann in den Clips aufregende und neue Produkte präsentiert, die den Zuschauer als Konsumenten direkt ansprechen. Für die Werbebranche ist dieser Weg häufig ungleich interessanter als das Schalten konventioneller Anzeigen und Ähnlichem. Zum einen kann sich die Werbeindustrie ein viel trennschärferes Bild von einer Gruppe machen, die entsprechende Web-Videos schaut. Zum anderen kann diese Gruppe durch authentisch wirkende Jugendliche viel direkter und emotionaler angesprochen werden. Anhand von Kommentaren und sonstigem Nutzerverhalten wissen Unternehmen am Ende, was der jugendliche Konsument zu konsumieren wünscht – zum Teil bevor dieser es selbst weiß.

Bei diesem Product Placement von YouTubern ist nur einem Teil der Jugendlichen bewusst, dass der gezielte Bezug auf Konsumartikel ein Geschäftsmodell ist, mit dem die Zuschauer zu Kunden gemacht werden sollen. Hier, wie auch bei sonstiger Online-Werbung, werden die Werbebotschaften immer raffinierter in die digitalen Inhalte eingewoben. Man muss oftmals wirklich bewusst hinschauen, um zu erkennen, welch vielschichtige Interessenslagen sich hinter einem vordergründig eingängigen und unterhaltsamen YouTube-Videoclip verbergen.

Damit sich die Skizze dieses digitalen Marketingnetzes, das die Jugendlichen zielgerichtet dort abfischt, wo sie im Internet unterwegs sind, nicht wie eine billige Verschwörungstheorie liest, lohnt es sich, einen der Mächtigen dieser neuen digitalen Welt sprechen zu lassen: Eric Schmidt, Chairman der Internet-Suchmaschine Google. Über das Wesen seines Suchdienstes stellt dieser im Jahr 2010 pointiert fest: „Wir wissen, wo Sie sind. Wir wissen, wo Sie waren. Wir können mehr oder weniger wissen, was Sie gerade denken." (ZIT. NACH: MAIER 2015, S. 125) Diese Aussage zeigt neben einem gigantischen Selbstbewusstsein auch und vor allem das Problem auf, das sich für „Digital Natives" ergibt: Gerade dadurch, dass sie permanent online sind und damit permanent Datenmaterial produzieren, sind sie der ideale Konsument, dessen Konsumverhalten von den Internetgiganten direkt gesteuert werden kann.

„Google weiß über jeden digital aktiven Bürger mehr, als sich George Orwell in seinen kühnsten Visionen in 1984 je vorzustellen wagte." (DÖPFNER 2015, S. 151) Für Internet-Suchmaschinen sind Jugendliche damit nicht nur Konsumenten, sondern sogar am Ende das Produkt. Unternehmen wie Google nämlich operieren an der direkten Schnittstelle zwischen Kunde und Anbieter.

Über das Verhältnis zwischen den „Digital Natives" und der Werbeindustrie kann man einiges erfahren, wenn man die Sprache der Studien näher betrachtet, die für entsprechende Unternehmen die heutigen Jugendlichen analysieren. So heißt es zum Beispiel in einem Auszug aus der Studie „Youth Economy" des „Zukunftsinstituts", dass die Werbewirtschaft über den Schlüssel jugendlicher Kommunikationsregeln ihre Angebote gezielt vermarkten könne. Für Unternehmen sei es unerlässlich, auf digitalem Weg „frühzeitig intensive Kontakte zur nachwachsenden Generation aufzubauen". (SCHULDT 2015, S. 9) Die Anbieter müssen sich also als Teilnehmer der in der Studie postulierten entstehenden Netzwerkgesellschaft begreifen. Für Unternehmen ist es in diesem Zusammenhang auf mehreren Ebenen wichtig, Jugendliche gezielt anzusprechen. Wenn die demographische Entwicklung auf eine überalterte Gesellschaft hindeutet, werden die heutigen gut ausgebildeten, vernetzten Jugendlichen natürlich nicht nur als Konsumenten, sondern auch als Mitarbeiter eine immer wichtigere Zielgruppe. Die Werbung betrifft in hohem Maße somit nicht nur das Werben für bestimmte Produkte, sondern auch das Werben um den Teenager selbst als künftigen Beschäftigten.

Diese im Zuge der Digitalisierung immer komplexer werdenden Zusammenhänge führen dazu, dass Unternehmen und Werbeindustrie über die Möglichkeiten des Internets gewissermaßen die direkte Kommunikation mit den Jugendlichen suchen. Klassische Wege wie Werbestrecken in Zeitungen oder Magazinen, Werbeplakate und ähnliche Strategien greifen nicht mehr. Wer Teil einer smartphonefixierten „Kultur des gesenkten Blicks" (ROSA 2016, S. 311) ist, der ist natürlich auch und vor allem über diese digitalen Zugänge erreichbar.

Hier setzt die Werbeindustrie an, indem versucht wird, Jugendliche emotional anzusprechen. Es geht eben nicht nur um direkten Konsum, sondern darum, dass das Gesehene für so interessant und spannend befunden wird, dass es möglichst unmittelbar mit anderen Freunden „geteilt" wird. Auf diese Weise versprechen sich Unternehmen letztlich eine engere Kundenbindung. In solchen Fällen wäre der Jugendliche dann Konsument und aktiver Verbreiter zugleich – in seiner Doppelfunktion also auch eine Art unbezahlter PR-Sprecher.

Das Problem dieser digitalen Verflechtungen besteht darin, dass es ein sehr hohes Reflexionsvermögen erfordert, um diese für sich selbst transparent zu machen. Wann ist man eigentlich Nutzer, wann Konsument, wann selbst aktiver Gestalter? Wie oben angedeutet, verschwimmen die Trennlinien zwischen diesen Kategorien.

Es ist aber wichtig, dass Jugendliche hier unterscheidungsfähig sind, ganz besonders dann, wenn Werbung nicht gleich als solche identifiziert werden kann. Es muss ihnen klar sein, dass digitale Inhalte nicht einfach neutrale Angebote sind, sondern oftmals interessengeleitet. Diese Trennlinie zwischen sachlicher Information und Werbung ist vielen allerdings nicht mehr bewusst. Zum Teil kann diese Unwissenheit aus einer gewissen, bequemen Zufriedenheit heraus verstärkt werden. Wenn man Schüler auf das Problem personalisierter Werbung hinweist, reagieren sie oft wie vorbildliche Konsumenten: „Wieso? Das ist für mich doch wichtig! Ich bekomme genau die Nachrichten und Informationen, die mich interessieren. Das sind doch meine Hobbys, das ist doch mein Sport!" In diesem Fall hat die direkte Ansprache durch Werbung perfekt funktioniert – der Jugendliche begreift sie gewissermaßen als Service, als Entscheidungshilfe. Grundsätzlich ist natürlich gegen Markt und Werbung nichts einzuwenden. Dass sich allerdings Jugendliche gar nicht mehr als Adressaten von Werbung wahrnehmen oder Unternehmen gewissermaßen als Freunde betrachten, sollte irritieren.

Besonders problematisch wird es, wenn die Fähigkeit, zwischen nachrichtlichen, journalistischen Informationen und Werbetexten bzw. –botschaften zu differenzieren, nicht mehr vorhanden ist. Dieses Phänomen wird zur Zeit breit diskutiert. Wenn sich in einer Studie der britischen Medienaufsichtsbehörde Ofcom zeigt, dass die Mehrzahl der befragten Jugendlichen bei Google-Treffern überhaupt nicht mehr weiß, ob es sich um Suchergebnisse oder um direkte Werbung handelt (VGL. OFCOM 2015, S. 86 FF., S. 91), kann von mündigen Marktteilnehmern keine Rede mehr sein. Wer die Trennlinien nicht mehr erkennt, ist der digitalen Marketing-Maschinerie ausgeliefert.

„Digital Native" zu sein, bedeutet nicht zwangsläufig, dass sich die so etikettierten Jugendlichen wirklich tiefergehend mit den digitalen Zusammenhängen auskennen. Sie nutzen die glatte Oberfläche ihres Smartphones souverän, durchschauen aber oft nicht das dahinter ausgelegte feinmaschige Netz der Werbeindustrie, für die sie als Kunde und Produkt zugleich interessant sind. Die subtilen Mechanismen zu durchschauen, wäre ein erster Schritt in die digitale Mündigkeit. Nur wer bewusst zu unterscheiden vermag, kann ein reflektierter und wirklich entscheidungsfähiger Teilnehmer an diesen Marktzusammenhängen sein.

Fazit:

Die neuen Netzwerkstrukturen, die sich im Zuge der Digitalisierung entwickelt haben, sind auch für die Werbeindustrie hochgradig interessant. Nahezu ununterbrochen werden Jugendliche mit entsprechenden Botschaften konfrontiert. Problematisch hieran ist, dass viele Nutzer nicht angemessen in der Lage sind, diese Werbung als solche zu durchschauen und zwischen (journalistischen) Inhalten und kommerziellen Interessen zu differenzieren. Nur eine schulische oder familiäre Medienerziehung, die an konkreten Beispielen die Strategien der Unternehmen transparent macht, kann erreichen, dass Jugendliche ihre Rolle als Marktteilnehmer reflektieren und in dieser Hinsicht selbstbewusst und nicht einfach als willenlose Konsumenten agieren. Das Bewusstsein hierfür können Sie trainieren, wenn Sie zum Beispiel mit Ihrem Kind beliebte Suchbegriffe bei Google eingeben und bei den Ergebnissen gemeinsam zwischen „echten Treffern" und Werbung unterscheiden. Eine weitere Möglichkeit: Lassen Sie sich Videoclips der YouTube-Stars zeigen und sprechen Sie gemeinsam darüber, an welchen Stellen möglicherweise interessengeleitete Informationen fließen. So kann die Sicht auf die eigene Mediennutzung erweitert werden, die am Ende zu einer reflektierten, kritischen Haltung führt.

Gefahren im digitalen Zeitalter: Gaming, Populismus, Cyber-Mobbing, Cyber-Grooming und Sexting

„Warten Sie, nur ganz kurz. Ich muss das nächste Level erreichen! Bitte!" Mit hektischem Blickwechsel zwischen Smartphone und Lehrer, tippend, erkennbar nervös, versucht ein verzweifelter Mittelstufenschüler, seine Fünfminutenpause individuell zu verlängern. Das nächste Level muss erreicht werden, unbedingt. Sonst kann man nicht zwischenspeichern und muss von vorn beginnen.

Eigentlich ist dem Schüler selbst klar, dass das Mobiltelefon längst verschwunden sein müsste. Er kann aber gerade erkennbar nicht anders. Damit steht er für eine kleinere Gruppe Jugendlicher, die sichtbar Schwierigkeiten haben, aus der digitalen Welt wieder in den Alltag zurückzufinden. Eine Gruppe, die sich im Gespräch mit anderen vor allem darüber definiert, welches Level in welchem Spiel schon erreicht wurde, wie erfolgreich man sich bei den neuesten Games so schlägt. Diese Leidenschaft für Online-Spiele kann zu einem Problem werden, wenn sie beginnt, das ganze Leben zu bestimmen. Mediziner haben dafür einen Begriff etabliert: „Internet Gaming Disorder" (IGD).

Dieses Phänomen wird auch als Computerspielsucht bezeichnet. Es betrifft eine Minderheit der Jugendlichen, wächst sich aber bei dieser Gruppe zu einer massiven Gefahr aus, die den ganzen Alltag und dessen Bewältigung auf den Kopf stellen kann. Die medizinische Fachzeitschrift „Deutsches Ärzteblatt" hat diese Forschungsdiagnose in einer ihrer Dezember-Ausgaben von 2016 auf den Titel gehoben: „Internetabhängigkeit. Aus dem realen Leben verschwunden".

Ein starkes Bild: So also kann es schlimmstenfalls aussehen. Vermisst wird der Jugendliche in der realen Welt. Er ist dermaßen in digitale Games verstrickt, dass er darüber den Bezug zur Wirklichkeit zu verlieren droht. „Die Zahl der Internetsüchtigen bei den 12- bis 17-jährigen hat sich seit 2011 fast verdoppelt." (BÜHRING 2016, S. 2252) Eine rasante Zunahme binnen weniger Jahre. Die Gefährdeten: „Knapp 19 Prozent der Jungen spielen zehn Stunden und mehr am Tag und knapp zwei Prozent der Mädchen." (EBDA.) Ob diese Form der Sucht wirklich den Status einer anerkannten klinischen Diagnose erhalten wird, ist noch offen, wird sich aber zeitnah klären. Die WHO entscheidet darüber im Laufe des Jahres 2018.

Für die Bundesdrogenbeauftragte Marlene Mortler (CSU) steht das Problemfeld offensichtlich ganz oben auf der Tagesordnung. Sie betitelte ihre Jahrestagung 2016 mit „Generation Internetsüchtig". Tatsächlich gibt es bei einer kleinen Gruppe Jugendlicher deutliche Alarmzeichen. Man geht davon aus, dass „bis zu fünf Prozent" (EBDA.) Gefahr laufen, internetabhängig zu werden.

Mediziner ordnen „Internet Gaming Disorder" mit Hilfe des amerikanischen Klassifikationssystems DSM-5 genauer ein. Konkrete Warnhinweise sind etwa: „Nahezu ausschließliche Beschäftigung mit Internetaktivitäten; Entzugssymptome; [...] Fortgeführter exzessiver Gebrauch trotz Wissen um negative Folgen; Interessenverlust (Hobbys, Unternehmungen) als Resultat des Internetgebrauchs." (EBDA., S.2253) Die Spannbreite der Persönlichkeitsveränderungen durch diese Sucht kann so weit reichen, dass sogar „Verlust oder Gefährdung von Beziehungen, Arbeit, Ausbildung oder Karriere durch Internetaktivitäten" drohen. Insgesamt werden neun Kriterien genannt. Erfüllt ein Gamer fünf oder mehr davon, gehört er zur als pathologisch eingestuften Gruppe. Wichtig ist, in diesem Zusammenhang darauf hinzuweisen, dass krankhaftes Spielen sich nicht in erster Linie durch die mit dem Spiel verbrachte Zeit bemessen lässt, sondern durch die Art und Weise, wie das Spielen die gesamte Lebensführung beeinflusst. Wer viel spielt, muss also nicht notwendigerweise spielsüchtig sein.

Wenn Jugendliche aber durch Gaming oder exzessive Internetnutzung verhaltensauffällig werden, wenn ihnen die reale Welt abhanden zu kommen droht, ist das Umfeld gefragt. In der Studienzusammenfassung des „Ärzteblatts" werden verschiedene Präventionsmaßnahmen vorgeschlagen, die zum Teil die gesellschaftlichen Akteure umsetzen müssen. Hierzu gehört die Forderung an die Gaming-Wirtschaft, Werbung für Spiele einzuschränken und diese weniger suchtfördernd zu gestalten. Das bedeutet auch, Spiele so zu entwickeln, dass keine Strafen bei längeren Offline-Phasen entstehen. Viele Games sind nämlich so gestaltet, dass Verdienste oder Belohnungen, etwa in Form von Bonus-Punkten, verfallen, wenn der Jugendliche nicht regelmäßig online ist und weiterspielt. Andere Präventionsmaßnahmen lassen sich auch im Privatleben berücksichtigen. Beispielsweise kann man sich an den Altersbeschränkungen orientieren, die die Unterhaltungssoftware Selbstkontrolle (USK) vorschlägt. Die Altersfreigabe ab null Jahren allerdings ist kritisch zu sehen. Wie bei anderen Suchtgefährdungen auch, kommt dem Umgang mit den neuen Möglichkeiten in der Familie eine Schlüsselfunktion zu. Eine schlechte Beziehung zu den Eltern erhöht die Gefahr für „IGD" ebenso wie etwa ein geringes Selbstbewusstsein oder ein allgemein unsicheres Auftreten. Es lässt sich auch feststellen: Wenn Eltern ein ungeregeltes Medienverhalten zeigen, überträgt sich dies auf ihre Kinder.

Zentral ist es, die Hobbys von Jugendlichen im realen Leben zu stärken, damit der Online-Konsum nicht überhandnimmt. Weder im Privatleben noch in der Schule sollten digitale Medien einfach aus Prinzip genutzt werden. Eine Präventionsmaßnahme im Unterricht besteht darin, die technischen Möglichkeiten nur dann einzusetzen, wenn es auch wirklich sinnvoll ist und einen Mehrwert für den Lernprozess bzw. die Unterrichtsgestaltung bietet.

Für „Digital Natives" ergibt sich aus ihrer selbstverständlichen Nähe zu Online-Inhalten generell eine weitere Gefährdung. Wer im Extremfall digitale Eindrücke der realen Welt vorzieht, der bezieht die Bestätigung der eigenen Meinung oft vor allem aus Online-Angeboten. Der amerikanische Autor Eli Pariser hat für diese digitale Verengung des Blickwinkels den Begriff der „Filter-Bubble", also Filterblase, eingeführt.

Folgt man der Filterblasen-Theorie, trifft der Einzelne im Internet vor allem auf seine eigenen Meinungen und Einstellungen. Man spricht in diesem Zusammenhang von „echo chambers", Echokammern. Aber warum ist das so? In empirischen Studien wurde gezeigt, dass Online-Leser vor allem auf Artikel zurückgreifen, die ihre eigene Haltung zu bestimmten Fragen spiegeln und bestätigen (VGL. FLAXMAN/GOEL/RAO 2016, S. 299). Die eigentliche Filterblase, so die These, entsteht dabei durch die neuen technischen Möglichkeiten: Da die Suchmaschinen ebenso wie soziale Netzwerke personalisierte Inhalte bereitstellen, wird die Blasen-Wirkung verstärkt. Der Mensch wird gewissermaßen zum Opfer eines Algorithmus, dessen Datenmenge er selbst bereitstellt. Suchmaschinen sind daher besonders erfolgreich darin, ihren Nutzern die Treffer gezielt anzubieten, die auch deren Vorstellungen entsprechen bzw. diese noch weiter verstärken.

Schlimmstenfalls kann diese Blase den Einzelnen so sehr von der Wirklichkeit abgrenzen, dass er Gefahr läuft, sich seine Weltsicht völlig unabhängig von überprüfbaren und belegbaren Fakten zusammenzubasteln. Diese Entwicklung ist gewissermaßen ein digitales Einfallstor für jegliche populistische Strömung. Wenn etwa die gewachsene Medienlandschaft pauschal als „Lügenpresse" diffamiert wird und dies tausendfach digital geteilt und verbreitet wird, dann überlagert die digitale Filterblase die konkrete Realität. Dann ersetzen starke Emotionen wie Hass und Wut sachliche und mit Interesse am überprüfbaren Argument geführte inhaltliche Auseinandersetzungen. Vielerorts werden solche Verschiebungen bemerkt und gesellschaftlich mittlerweile breit diskutiert. Manche Kritiker sehen in dieser Debatte die neue Technik, also Suchmaschinen und digitale Netzwerke, als mitverantworlich bzw. als Beschleuniger einer neuen gesellschaftlichen Verrohung an.

Wie stark diese Entwicklung hin zu „echo chambers" allerdings wirklich ist, wird in der Forschung noch diskutiert. Denn generell ist auch bei der herkömmlichen Zeitungslektüre zu beobachten, dass Leser vor allem Texte zur Kenntnis nehmen, deren politische Position sie eher teilen (VGL. FLAXMAN/GOEL/RAO 2016, S. 317). Das würde bedeuten, dass wir alle tendenziell schon immer in Echo-Räumen lebten und diese im digitalen Zeitalter auch weiterhin bewohnen. Wie Untersuchungen zeigen, ahmt der größte Teil des Online-Konsums von Nachrichten den vorher entwickelten Offline-Konsum nach. Die Leser greifen also auf Online-Angebote zurück, die sie zuvor auch etwa in Print-Form schon lasen. Diese Erkenntnis würde bedeuten, dass die Einflüsse der Digitalisierung doch eher moderat wären.

Die Studien gehen allerdings nicht explizit von „Digital Natives" aus, sondern eher von Menschen, die ihren Nachrichten-Konsum von offline auf online umstellen bzw. erweitern. Bei Jugendlichen könnte die Gefahr durchaus darin bestehen, dass sie zwischen gewachsenen Medienangeboten, die journalistische Qualitätsstandards pflegen, und populistischen Vereinfachungstexten zu wenig unterscheiden. Viele Jugendliche sind mit den Nachrichten-Angeboten, die sie vor allem über ihre Smartphones erhalten, aufgewachsen. Qualitäts-Print-Medien, wie überregionale Tages- und Wochenzeitungen, nehmen sie kaum oder gar nicht mehr zur Kenntnis. Zum großen Teil kennen sie die Angebote schlicht nicht.

Hier muss eine differenzierte Medienerziehung sowohl in den Familien als auch in der Schule einsetzen. Dabei müssen Kriterien entwickelt bzw. genutzt werden, die beispielhaft zeigen, wie differenzierte Argumentationen aussehen und woran journalistische Standards erkennbar sind – und im Gegensatz dazu auch, wie man holzschnittartige, vereinfachende Behauptungen identifizieren kann. Positionen auf ihre Plausibilität und Relevanz hin zu gewichten und eigenständig zu bewerten, diese Fähigkeit ist in Zeiten unbegrenzter digitaler Nachrichten wichtiger denn je. Und wenn Hater und Trolle als solche erkannt werden, hilft nur ignorieren und blocken. Jugendliche sollten lernen, dass diese differenzierte Sicht auf eine immer komplexere Welt mit einer gewissen Mühe verbunden ist, die sich aber lohnt. Sie hilft ihnen dabei, eine Persönlichkeit zu werden, die nicht alles sofort glaubt und übernimmt, sondern die Informationen kritisch und auch die eigene Haltung selbstkritisch hinterfragt. Sogenannte Fake-News werden nämlich erst dann zum wirklichen Problem, wenn man sich ihnen etwa aus Bequemlichkeit ausliefert, anstatt selbst zu denken.

Es ist also ein durchaus anspruchsvolles Unterfangen, in Zeiten digitaler Grenzenlosigkeit Vereinfachungen und Populismen zu widerstehen. Nur so allerdings kann verhindert werden, dass die Gesellschaft in virtuelle Erregungsgruppen zerfällt, die sich auf keine verbindliche Grundlage von Öffentlichkeit mehr einigen können.

Cyber-Mobbing ist ein weiterer Gefahrenbereich, der gesellschaftliche Gruppen – zum Beispiel die eigene Schulklasse – in ganz neuen Dimensionen betreffen kann. Ausgrenzung und Mobbing sind unter Jugendlichen schon immer ein Problem gewesen. Wer anders war, wer irgendwie auffiel, sich anders kleidete, tendenziell uncool auftrat, der war auch früher schon raus aus der Gruppe. Das digitale Zeitalter hat den Außenseiter nicht erfunden. Aber es macht im schlimmsten Fall das Außenseitertum zum Dauerzustand mit unbegrenzter Reichweite.

Ohne permanenten Online-Zugang endete das Mobbing oft an der Schultür. Für die Betroffenen war diese Erfahrung der Ausgrenzung schlimm und schrecklich genug. Allerdings gab es im Idealfall einen Schutzraum: das eigene Zuhause, die Familie, Freunde, die man nachmittags traf. Alles Bereiche, in die Zerstörer und Mobber nicht eindringen konnten. Die digitale Revolution hat diesen Schutzraum aufgehoben. Wer in Smartphone-Zeiten gemobbt wird, kann sich diesem zerstörerischen Zugriff gar nicht mehr entziehen. Über WhatsApp, über soziale Netzwerke, mit kleinen, bösartigen Texten oder Fotos – das Cybermobbing kennt keine Pausen mehr. In jeder Sekunde, 24 Stunden täglich, kann es die Opfer treffen. Die schweizerische JAMES-Studie 2016 zeigt eindrucksvoll, dass eine beachtliche Minderheit der Jugendlichen von dieser dunklen Seite der neuen Möglichkeiten bedroht ist. So gaben 25 Prozent in der Altersgruppe der 14–15-Jährigen an, sie hätten es schon einmal erlebt, dass sie „jemand im Internet fertigmachen wollte (zum Beispiel auf Facebook)". (WALLER ET AL. 2016, S. 42) Was mit dem ungefragten Hochladen von Bildern oder Videos beginnt, von dem 33 Prozent der befragten Jugendlichen berichten, kann damit enden, dass das Opfer vor Freunden, Mitschülern und letztlich allen, die online auf das Material zugreifen können, entblößt und lächerlich dasteht. Wenn in dieser umfassenden Weise der eigene Ruf zerstört wird, treffen die Täter auch ins Innerste der Persönlichkeit ihres Opfers.

Für Deutschland gibt es ähnliche Zahlen. Ausgrenzungen und Beleidigungen werden auch hier in unterschiedlichen Studien bestätigt. Die Uni Lüneburg hat in diesem Zusammenhang eine Befragung veröffentlicht, aus der hervorgeht, dass nahezu jeder dritte Schüler „in letzter Zeit mindestens einmal fertig gemacht oder schikaniert" worden sei. (ZÜHLSDORFF 2016) Auch die JIM-Studie zum Medienumgang Jugendlicher 2016 befasst sich in einem Abschnitt mit diesem Problemfeld. Dabei berichteten 34 Prozent der befragten Jugendlichen davon, dass „in [ihrem] Bekanntenkreis schon einmal jemand im Internet oder per Handy fertig gemacht wurde". (FEIERABEND/PLANKENHORN/RATHGEB 2016, S. 49)

Um dieser grausamen Seite der neuen Möglichkeiten entgegenzuwirken, kann eine reflektierte Medienerziehung in der Schule gute Dienste leisten. Dabei muss das Problembewusstsein für die ungeregelte, ins Unendliche ausufernde Gefahr des digitalen Mobbings bei Erwachsenen zum Teil noch geschaffen werden. Es ist notwendig, gemeinsam darüber zu sprechen, welche zerstörerische Wucht durch permanente, internetunterstützte Beleidigungen entstehen kann. Jugendliche müssen in ihren Eltern aufmerksame Ansprechpartner haben, falls sie selbst von solchen Attacken betroffen sind. Denn digitale Beleidigungen und Verletzungen sind oftmals im Netz noch längere Zeit für alle einsehbar. Deshalb ist es wichtig, möglichst präventiv oder zu einem sehr frühen Zeitpunkt gegen solche gruppendynamischen Prozesse vorzugehen.

Es kommt also darauf an, Jugendliche vor den bereits genannten Gefahren wirksam zu schützen. Dies gilt in besonderem Maße auch für die Felder „Cyber-Grooming" und „Sexting". Im Falle von Cyber-Grooming versuchen Erwachsene sich mit Hilfe falscher digitaler Identitäten für Teenager interessant zu machen. Ziel ist es letztlich, die Jugendlichen in der realen Welt zu treffen. Dabei arbeiten sie mit falschen Altersangaben, geben sich oftmals selbst als Jugendliche aus. Diese neue Form, sich das Vertrauen Minderjähriger zu erschleichen, kann bis hin zu sexuellem Missbrauch reichen.

Nach den Untersuchungsergebnissen der Schweizer JAMES-Studie haben durchschnittlich 41 Prozent der Jugendlichen „bereits einmal eine Person, die sie im Internet kennengelernt haben, auch physisch getroffen". (WALLER ET AL. 2016, S. 42) Dass ein Kennenlernen bzw. Schließen von Freundschaften im digitalen Zeitalter zum Teil in das Internet abwandert, ist nicht per se problematisch. Um Gefahren wie Cyber-Grooming zu vermeiden, sollte man aber darauf achten, dass bei einem ersten Treffen in der realen Welt ein öffentlicher Treffpunkt gewählt wird bzw. jüngere Teenager von ihren Eltern oder anderen Vertrauenspersonen begleitet werden. Hier stehen auch die Betreiber von sozialen Netzwerken in der Verantwortung, geschützte Nutzungsräume, Beratungs- und Hilfsangebote und einfach zu verwendende Meldemöglichkeiten anzubieten. Denn bei Cyber-Grooming zeigen sich durch die Digitalisierung ähnlich verheerende Strukturen wie beim Cyber-Mobbing. Die privaten Schutzräume verschwinden, weil der Täter die Betroffenen über das Smartphone im Prinzip permanent für kurze Nachrichten oder Lockangebote erreichen kann.

„Kennst du Sexting?" Mit diesem Slogan startete in Münster unlängst eine großangelegte Plakat-Kampagne des Frauen-Notrufs, der auf ein weiteres Problemfeld aufmerksam macht, mit dem die „Digital Natives" konfrontiert sind. Sexting, das bedeutet: Man versendet sexuelle Inhalte („Sex"), zum Beispiel eigene Fotos, über Instant-Messaging-Dienste („Texting"). Auf den Postern des Frauen-Notrufs sind entsetzt und erschrocken schauende junge Frauen zu sehen, denen das Versenden solcher expliziten Fotos offensichtlich außer Kontrolle geraten ist. Da heißt es dann in Sprechblasen im WhatsApp-Stil etwa: „Auch schon das Foto von Laura gesehen?" – „Ja, wusste nicht, ob ich lachen oder heulen sollte." In knapper Form wird hier das Problem umrissen: Wenn man erotische Fotos oder Nacktbilder etwa an seinen Freund oder die Freundin verschickt, ist das ausgesprochen riskant. Natürlich kann man vereinbaren, dass entsprechend explizite Inhalte nur für die vertraute Person gedacht sind. Es zeigt sich aber, dass sich solche Sendungen oftmals für die Betroffenen kaum oder eben gar nicht kontrollieren lassen. So kann es zu persönlichen Katastrophen kommen. Fotos werden weitergeleitet oder gar ins Internet gestellt, sie dienen zum Teil als Erpressungsmaterial. Ist der Stein erstmal ins Rollen gekommen, entzieht er sich jedweder Kontrolle. Wer für diese Gefahren aber frühzeitig sensibilisiert wird, überlegt erst und entscheidet dann.

Fazit:

Wie jede technische Neuerung hat auch die digitale Revolution zwei Seiten. Neben zahllosen Möglichkeiten sollte man auch die erheblichen Gefahren im Blick haben, die sich durch die Digitalisierung ergeben. Hier muss man realistisch feststellen, dass sich durch die ungeheure Vervielfältigung und Beschleunigung der Chancen auch die missbräuchlichen, bösartigen Seiten und damit die Risiken in demselben Maße weiterentwickelt haben. Diese Entwicklungen bedrohen den Einzelnen schlimmstenfalls existenziell. Sie sind auch bedrohlich für ganze Gesellschaften. Einige zentrale Schlagworte, die exemplarisch für diese Gefahren stehen, sind oben kurz vorgestellt und umrissen worden: Gaming, Populismus, Cyber-Mobbing, Cyber-Grooming, Sexting. Es gilt, diese Gefahren nicht zu bagatellisieren, sondern sie ernst zu nehmen. Gefordert sind hier eine umfassende und differenzierte Medienerziehung in den Schulen ebenso wie aufmerksame und gesprächsbereite Elternhäuser, die um diese problematischen Seiten der neuen Medien wissen und als vertrauenswürdige Gesprächspartner für die Teenager zur Verfügung stehen.

Chancen des digitalen Zeitalters –
Gaming und neue Konzepte des Online-Lernens

Games und ihre Rolle für den Lernprozess

„So sehen Gamer aus." Wer sich angesichts dieses Slogans einen dicklichen, bleichgesichtigen und mit peinlichem Motto-T-Shirt hinter seinem Computer gestrandeten Nerd vorstellt, dessen müder Blick zwischen Bildschirm, Colaflasche und halb-leerer Chips-Tüte wandert, sollte dringend seine Klischees überdenken. Das zumindest dürfte die Auffassung von Linda Breitlauch sein. Sie ist Professorin für Game Design an der Uni Trier. Anfang des Jahres 2015 postete sie ein Foto von sich mit dem Hashtag #sosehengameraus. Weiter als auf diesem Bild können Vorurteil und Wirklichkeit nicht auseinanderliegen. Zu sehen ist eine selbstbewusste, erkennbar erfolgreiche Wissenschaftlerin. Tausende Gamer taten es Breitlauch gleich, zeigten mit ihren ins Netz gestellten Fotos die große Bandbreite der Gaming-Kultur und ihrer Mitspieler.

Wer spielt, wer zu den Gamern gehört, der erfüllt oftmals weder die über ihn verbreiteten Klischees noch die Suchtkriterien, auf die wir im vorhergehenden Kapitel verwiesen haben. Wer spielt, und das ist in der digitalen Welt ähnlich wie in der analogen, der hat oftmals hohes Interesse und Freude an den anderen Mitspielern, der verabredet sich, um gemeinsam ein spielerisches Abenteuer zu erleben. Wer spielt, isoliert sich nicht automatisch. Ganz im Gegenteil: Wer spielt, egal ob analog oder digital, agiert in aller Regel gern und intensiv mit anderen Menschen.

Dass Spielen Spaß macht, ist ein Gefühl, das offensichtlich zu jeder Zeit gegolten hat. Immer schon haben sich Menschen Spiele ausgedacht und ausprobiert, dabei ihre Phantasie genutzt, um den Alltag interessanter und vielschichtiger zu machen. Wer in den 80er und 90er Jahren aufwuchs, wird sich erinnern, wie sich diese Spielfreude nach und nach in die digitale Welt hinein ausdehnte. Zunächst noch ausgesprochen pixelig, dann immer realitätsgetreuer und feinteiliger, kam eine weitere vielversprechende Dimension hinzu. Ob frühe Jump 'n' Runs, Autorenn-Simulationen oder Geschicklichkeitsspiele wie Tetris: Schnell zeigte sich die Vielfältigkeit der Angebote. Für fast jedes Interesse fand sich ein entsprechendes Spiel. Und gelernt wurde dabei auch oft – und zwar ganz nebenbei.

Was junge Spieler zum Beispiel lernen konnten, lässt sich an dem bis in die heutige Zeit erfolgreichen Computerspiel Sim City exemplarisch zeigen. Dieses Simulationsspiel für junge Stadtentwickler eröffnete eine Vielzahl an gestalterischen Möglichkeiten und ließ sich ins Endlose fortsetzen. Am Anfang: ein Stück Welt aus der Vogelperspektive, eine unbebaute Landschaft, Wälder, Seen, Flüsse. Man schaute auf diese freie Fläche und sah unendliche Möglichkeiten, sie zu verwandeln. Siedlungen, Städte, Metropolen entstanden, ebenso Häuserkomplexe, Straßen und Kraftwerke. Dabei ging es jedoch nicht nur um das Bebauen und Besiedeln einer freien Fläche. Wer in diesem Spiel erfolgreich sein wollte, hatte schon von Beginn an einige relativ komplexe Probleme zu lösen. Man musste erste Strategien entwickeln und entsprechende Entscheidungen treffen. Zum Beispiel führten höhere Steuern tendenziell zu weniger Einwohnern, sie ermöglichten allerdings Investitionen in die Infrastruktur. Und hatte man gerade eine Feuerwehrwache gebaut, fehlte das Geld für die dringend benötigte Polizeistation. Entscheide ich mich bei der Energieversorgung für umweltfreundliche Windkrafträder, schaffe ich es nur schwer, den Energiebedarf meiner stetig wachsenden Stadt zu decken. Setze ich auf Kohlekraftwerke, leidet die Bevölkerung schnell unter hoher Luftverschmutzung. Kernenergie ist sauber und effizient, ist in der Anschaffung aber teuer und im schlimmsten Fall droht irgendwann die Kernschmelze. Keine leichte Entscheidung. So lernte man als Jugendlicher, indem man permanente Abwägungsprozesse in einer immer komplizierter werdenden Welt vor sich hatte, mit deren Folgen man dann umgehen musste.

Für die neueren Versionen und Weiterentwicklungen bis heute lässt sich insgesamt sagen: Die Szenarien solcher Simulationsspiele werden immer komplexer, die Möglichkeiten, als Spieler zu agieren, immer vielfältiger und differenzierter. Auch bei aktuellen Spielen wie etwa Minecraft kann man gemeinsam mit anderen Jugendlichen eigene Welten ausgestalten und Abenteuer bestehen. Bei diesen sogenannten Open-World-Spielen gibt es keine festgesetzten Reihenfolgen oder Abläufe mehr, die Spieler genießen erhebliche Erkundungsfreiräume. Und die werden genutzt – zum Spielen und zum Lernen, sei es bewusst oder unbewusst.

Die hier skizzierten Prozesse fanden und finden in vielen Computerspiel-Genres statt. Ähnliches ließe sich für die populären Adventure-Welten beschreiben. Gerade bei diesen seit den 90er Jahren sehr verbreiteten Spielen, in denen man sich in Phantasiewelten bewegte und dort Probleme oder Rätsel löste, kam oftmals ein weiterer Aspekt des informellen Lernens hinzu: Häufig waren die Spiele nicht ins Deutsche übersetzt, sondern lagen nur im englischen Original vor. In solchen Fällen war man plötzlich hochmotiviert, sich in die Fremdsprache hineinzudenken, man musste das eigene Vokabular deutlich vergrößern und neue Wortschatzkontexte erkunden, um die Handlungszusammenhänge zu verstehen und erfolgreich spielen zu können. Ein ähnliches Phänomen lässt sich im Übrigen heute durch die verbreitete Nutzung von Streaming-Diensten wie Netflix, Amazon Prime oder ähnlichen

Anbietern beobachten, die es unkompliziert erlauben, Serien oder Spielfilme im Original zu schauen. Besonders die englische Sprache wird zunehmend zur Lingua Franca jedweder Form der Bildschirmnutzung.

War es lange Zeit üblich, dass man allein vor dem Bildschirm saß, ist die soziale Interaktion dank Online-Spielen viel größer geworden. Jugendliche, die in diese Welten eintauchen, spielen dann oftmals mit oder gegen andere, die etwa in Frankreich, England oder den USA an ihren Rechnern sitzen. So kommt es zu echten Kommunikationssituationen in der Fremdsprache. Ein solcher authentischer Zugang erweitert nachhaltig den Wortschatz vieler Gamer. Ganz nebenbei können auch interkulturelle Themen während der Kommunikation zwischen den Spielern zum Tragen kommen.

Dieser Aspekt der Internationalität bei Gamern gilt auch für den umstrittenen Bereich der sogenannten Ego-Shooter-Spiele. Gerade in diesem Segment hat sich mit der „Electronic Sports League" (ESL) mittlerweile eine internationale Spielergemeinde etabliert, die bei unterschiedlichen nationalen und internationalen Turnieren, etwa auf der Gamescom, gegeneinander antritt. Hier sind Teamgeist und eine gemeinsame Taktik wichtig. Dazu braucht es entsprechende kommunikative Fähigkeiten, um gemeinsam gegen andere Mannschaften erfolgreich sein zu können.

Lernspiele

Die oben knapp vorgestellten Beispiele illustrieren, auf welche Weisen Games und informelles Lernen miteinander verwoben sein können. Darüber hinaus gibt es natürlich auch digitale Spiele, die unmittelbar einen Lernzweck verfolgen. Dazu zählen etwa Lernsimulationen, in denen auf attraktive, spielerische Art deklaratives Wissen vermittelt wird. Hier greift das Gamification-Prinzip, das auch in der Wirtschaft vermehrt genutzt wird. Das Belohnungssystem von Games wird hier auf Lernspiele übertragen. Man sammelt etwa Punkte oder soll eine bestimmte Lösungsgeschwindigkeit anstreben, erhält direkte, positive Rückmeldungen und kann höhere, komplexere Level erreichen. Für jüngere Schüler gibt es zum Beispiel Apps, mit denen das Vokabellernen zu einer Art Rallye gerät. Der Spieler steuert kleine Autos durch Vokabel-Themenwelten, sammelt dabei Buchstaben, bestimmte Wörter oder Objekte. Lernen trifft auf Abwechslungsreichtum – und das bei individuell einstellbarem Schwierigkeitsgrad.

Zwar ist der Bereich solcher Lernspiele bisher ein schmales Segment innerhalb der Games-Industrie, aber eines, das stetig wächst und dem eine zunehmende Bedeutung vorhergesagt wird. Die Vision von Wissenschaftlern wie Linda Breitlauch ist, dass perspektivisch immer komplexere digitale Simulationen und Games die schulischen Möglichkeiten öffnen bzw. erweitern, zum Beispiel im Fach Geschichte durch entsprechend aufwendig gestaltete Zeitreisen: „Dann erleben [die Jugendlichen] historische Ereignisse ganz anders, als wenn sie nur darüber lesen. […] und lernen beim Spiel, ohne dass sie es merken. Lernen muss nicht wehtun." (ZIT. NACH: BEER 2016) Ähnlich wie bei den oben genannten Games und den bereits etablierten Lernsimulationen ist es dann also möglich, das Interesse des Lerners für die Thematik durch das Spiel überhaupt erst zu wecken und Begeisterung über einen solchen digitalen Zugang in vergangene, untergegangene Welten zu erzeugen.

Das Smartphone als Lernwerkzeug

Als Vehikel zum Lernen wird mehr und mehr das Smartphone genutzt, denn es ist immer und überall verfügbar, die Handhabung ist selbsterklärend und niedrigschwellig. Das Smartphone ist gleichermaßen Spielzeug wie Werkzeug. Beide Funktionen lassen sich auch im Unterricht hervorragend gewinnbringend miteinander kombinieren. Wenn man im Rahmen von Schülerprojekten etwa kleine Videos erstellt, macht das nicht nur Spaß. Die Jugendlichen lernen nebenbei auch Grundlagen der Bildästhetik, experimentieren mit Videoeffekten und machen sich mit einfachen Schnittprogrammen vertraut. Bei der Umsetzung solcher Aufgaben zeigt sich oftmals, wie kreativ und phantasievoll Schüler die Technik nutzen, um etwa ein kleines erzählendes Format zu entwerfen. Überzeugend einsetzen lassen sich solche Möglichkeiten auch, um etwa einen Schüleraustausch vorzubereiten. Hier werden dann zum Beispiel Videotagebücher etabliert, die die schriftliche Kontaktaufnahme und Verständigung sinnvoll ergänzen können.

Natürlich wird nicht aus jedem Jugendlichen, der die digitale Technik privat oder im Rahmen von Schule entsprechend nutzt, ein Regisseur oder Kameramann. Darum kann und soll es auch nicht gehen. Wer aber die Technik im oben beschriebenen Sinne nutzt, dessen Blick auf Medien und Medienprodukte wird differenzierter. Diese Erkenntnisprozesse anzustoßen und einen entsprechenden Umgang mit Software und Geräten zu entwickeln, ist Aufgabe eines überzeugenden Medienkonzeptes in Schulen.

YouTube & Co.

Als eine der von Jugendlichen am meisten frequentierten Plattformen gilt bekanntermaßen YouTube. Auch hier darf das Potential, das die Nutzung für den formellen oder informellen Lernprozess hat, nicht unterschätzt werden. Neben vielen Clips, die in erster Linie der Unterhaltung dienen, gibt es dort eine Fülle an Tutorials. Ein relativ bekanntes und schon seit 2012 in regelmäßiger Folge erscheinendes Beispiel hierfür ist „Wissen2go". Schon mit der Wahl dieses Titel zeigt sich eine Programmatik, die stilbildend bzw. typisch für diese Art des Online-Lernangebots ist: Es soll Wissen vermittelt werden und zwar ganz nebenbei, also „to go". Der Anspruch könnte also sein, die Bildung wie den Pappbecher-Kaffee im Vorbeiklicken konsumierbar zu machen. Diese kulturpessimistische Sichtweise trägt allerdings nicht, sobald man sich die Videoclips näher ansieht. Da werden unterschiedliche Themenbereiche für Teenager mit viel Leidenschaft präsentiert. Diese werden vom YouTuber und Journalisten Mirko Drotschmann direkt und unverstellt angesprochen, in jugendlicher Sprache wird durch die unterschiedlichsten Wissensgebiete geführt. Begonnen hat Drotschmann mit Erklär-Videos zu Themen des Geschichtsunterrichts – von Ludwig XIV. und dem Absolutismus bis zur deutschen Geschichte des zwanzigsten Jahrhunderts. Liest man die Kommentare unter den Videos, bemerkt man, dass hier offenbar eine Lücke gefüllt wird, die der Schulunterricht nicht zu füllen vermag. Die Vermittlungs-Begeisterung des YouTubers überträgt sich unmittelbar auf seine Zuschauer. Und so sehr „to go" sind die Themenbereiche keinesfalls. Die Clips dauern meist etwa zwanzig Minuten, Einspieler und Bebilderungen sind nur knapp und eher illustrativ. Daher bleibt viel Platz und Zeit zum Zuhören und damit für einen wirklichen Bildungsgewinn. Bei mehr als 400 000 Followern zeigt sich, dass diese Form des digitalen Lernens viele Fans hat. Ein positiver Effekt des Formats: Neue Inhalte entstehen gewissermaßen im „Gespräch" mit den Zuschauern. Drotschmann reagiert auf Zuschauerwünsche und produziert dann dazu entsprechende Bildungs-Tutorials.

Für YouTube und andere Plattformen, auf denen man entsprechende Angebote abrufen kann, gilt: Jeder, der will, kann mit einfachsten Mitteln mitmachen, kann selbst zum Sender werden und anderen das zeigen, was ihm wichtig und wissenswert erscheint. Wer einfache Videos selbst produziert, der lernt wohl am meisten, da er sowohl die Technik als auch das Texten überzeugend und kreativ beherrschen und sich in seinem Sachgebiet natürlich auch gut auskennen muss. Nur so ist es möglich, ein Produkt zu erstellen, das sich von der Fülle an entsprechenden Erklärstücken positiv abhebt und deshalb von anderen gern geschaut wird.

Diese Vielfalt an Tutorials, die man konsumieren oder auch selbst produzieren kann, bedeutet für die Jugendlichen aber auch wieder, dass trainiert werden sollte, aus dem diffusen Überangebot sinnvoll auswählen zu können. Welche Informationen sind eigentlich relevant für das, was ich gerade wissen will bzw. was mich interessiert? Sind die Macher vertrauenswürdig und kompetent? Voraussetzung, um solche Fragen überzeugend für sich beantworten zu können, ist die Schulung eines kritischen Blicks und damit eine kriteriengeleitete Urteilskraft, die wieder Teil eines entsprechenden Medienunterrichts sein sollte.

Auf die vielfältige, farbige YouTube-Welt der Tutorials hat mittlerweile auch das öffentlich-rechtliche Fernsehen reagiert. „funk" heißt das 2016 ins Leben gerufene Projekt für diese Zielgruppe, das sich selbst als „Content Netzwerk" bezeichnet. Fernsehen war gestern. Auf der Homepage heißt es „Hey! Wir sind funk, wir sind ARD und ZDF und wir sind kein Fernsehkanal". Was man stattdessen sein möchte? Vermutlich etwas in der Art, was Jugendliche zwischen 14 und 29 Jahren auch sonst nutzen und kommentieren. Das alte, analoge Fernsehen geht dorthin, wo die ersehnten jungen Zuschauer sich schon lange aufhalten. Ziel von „funk" ist es, ähnlich wie bei YouTube und anderen digitalen Vorbildern, mit den Konsumenten ins Gespräch zu kommen, ein Programm zu gestalten, auf das man mit seinen Interessen und Kommentaren selbst auch Einfluss nehmen kann, das man selbst gestalten kann. Spannung, Unterhaltung und Wissen werden als zentrale Bestandteile dieses Versuches gleichwertig nebeneinander genannt. Der kleine Haken hierbei ist, dass sich dieses Vorhaben auch im gewollt-coolen Jugendsound noch staubig und lehrerhaft anhört. Für den Bereich der Bildung, dem man verpflichtet ist, entschuldigen sich die Macher fast: „Auch wenn wir gerne viel Unfug machen, schwingt bei uns immer der Bildungsauftrag mit. So lame das im ersten Moment klingen mag, bedeutet das auch, dass es bei uns keine Werbung und keine Productplacements gibt." (HTTPS://WWW.FUNK.NET/FUNK)

Zuschauer können zwischen über vierzig Formaten wählen. Insgesamt lässt sich dabei eher ein Unterhaltungsschwerpunkt feststellen. Das interessante an „funk" ist, dass hier ein Versuch stattfindet, als lange etabliertes Medium ein Angebot für die Jugendlichen und ihre neuen und gänzlich anderen Sehgewohnheiten zu entwickeln. Die Clips sind meist zwischen zwei und vier Minuten lang, sind entweder Erklärstücke oder kleine Interviews. Auch Animationen werden oft genutzt, um Sachverhalte besser zu verbildlichen. So entsteht insgesamt der Eindruck einer bunten Seite mit vielen Ausblicken darauf, wie Lernen und Erkenntnisgewinn im Online-Zeitalter aussehen können. Viele der Autoren, die „funk" versammelt, sind keine Unbekannten, sondern waren als YouTuber schon sehr erfolgreich, bevor sie zu diesem öffentlich-rechtlichen Projekt wechselten.

Bei den Schülern scheint dieser neue öffentlich-rechtliche Versuch eines digitalen Netzwerks noch nicht recht angekommen zu sein. Fragt man sie nach digitalen Lernangeboten, wird doch meist auf Erklärvideos auf YouTube verwiesen, die zu vielen unterschiedlichen Schulfächern und Fachbereichen angeboten werden. Die Schüler schätzen die meist authentisch jugendliche Ansprechhaltung und den „Service-Aspekt" dieser Clips. Ähnlich wie bei den oben vorgestellten Lernangeboten ist hier der Bildungsbegriff gewissermaßen auch in den Unterhaltungsbereich hinein erweitert worden. Lernen trifft auf Popkultur. Viele jugendliche Nutzer begeistert dieses Konzept.

Wenn man die Schüler zu diesem Phänomen befragt, sind sie vor allem davon begeistert, dass die Clips ihnen die Möglichkeit geben, ihr Lerntempo individuell zu gestalten. In der Schule passt man einmal nicht auf, und schon ist man raus. Hier drückt man auf die Stopptaste und kann sich ganz in Ruhe Notizen machen oder sich eine Passage mehrfach ansehen. Gerade wer viel in der Oberstufe unterrichtet und stündlich Schüler sieht, die gewissermaßen ununterbrochen aufgefordert sind, auf hohem Niveau und mit durchaus wissenschaftlichem Anspruch in unterschied-lichsten Fächern mitzudenken und mitzuarbeiten, kann die Wertschätzung, die Jugendliche den Videoangeboten entgegenbringen, nur unbedingt nachvollziehbar finden. Kaum jemand wird in der Lage sein, ununterbrochen konzentriert zu sein. Und das Gefühl, gedanklich abzuschweifen und dann nicht mehr in die Zusammen-hänge zurückzufinden, kennt vermutlich jeder.

Anders als in den meisten Unterrichtsstunden ist bei diesen digitalen Angeboten im Idealfall ein wirklich auf den Einzelnen zugeschnittenes Fortschreiten möglich. Da das Lernen ein individueller Prozess ist, können Jugendliche hier eigenverantwort-lich vor- und nachbereiten, Themenfelder, die sie interessieren, vertiefen und für die Klausuren lernen. Auch für Lehrer lohnt es sich, das ein oder andere erfolgreiche Tutorial anzuschauen. Denn wenn Schüler zum Teil ganz begeistert von den einfa-chen und klaren Erklärungen sind, deutet dies auch darauf hin, dass entsprechende Erklärkünste im Unterricht gelegentlich vermisst werden. In dieser Hinsicht könnte man als Lehrer gut gemachte Tutorials durchaus als eine Art Fortbildung begreifen. Vielleicht lässt sich ja der ein oder andere Aspekt für den schulischen Alltag überneh-men.

Gleichzeitig ist allerdings zu beobachten, dass der Wunsch nach Kürze zu Ergebnis-sen führt, die zwar Aspekte wiederholen und zusammenfassen, aber die Tiefendi-mensionen außer Acht lassen. Das ist völlig in Ordnung, da die entsprechenden Formate auch in der Regel genau das wollen: knapp und pointiert einen Überblick geben. Jugendliche tendieren aber zum Teil dazu, die Zusammenfassung für das Ganze zu nehmen und nicht mehr darüber hinaus zu schauen. Diese Problematik sollte man durchaus im Unterricht ansprechen. Gut gemachte Videos sind eine sinnvolle Ergänzung. Ein Ersatz für eine wirklich gründliche Auseinandersetzung mit fachlichen Zusammenhängen sind sie allerdings nicht.

Fazit:

Während im vorangegangenen Kapitel die Risiken des digitalen Zeitalters im Vordergrund standen, rückten auf diesen Seiten die Chancen und großartigen Möglichkeiten in den Blick, die diese Revolution bietet. Dabei lassen sich für den Bereich der „Games" Tendenzen erkennen, dass neben Unterhaltungs- auch Bildungsangebote mehr und mehr in den Fokus der Anbieter gelangen. Spielen dient nicht lediglich dem Zeitvertreib, sondern fördert zum Teil auch komplexes Denken bzw. differenzierte Abwägungsprozesse. Generell lässt sich ein Entwicklungsprozess in Richtung Gamification beobachten. In diesem Zusammenhang zeigt sich, dass Lernprozesse heute oftmals eher nebenbei, schneller und in kleineren Einheiten geschehen. Und vieles, was zunächst gar nicht klassischem Lernen entspricht, hat doch einen erheblichen Wert und bringt eben Lernzuwächse mit sich. Hierzu zählen auch Video-Tutorials auf einer Plattform wie YouTube. Geschätzt wird an diesen Angeboten vor allem die Prägnanz und die lockere Art und Weise, wie für Teenager erklärt wird. Die Herausforderung besteht jedoch darin, die Spreu vom Weizen zu trennen. Voraussetzung dafür, dass Jugendliche diese Trennung selbstbewusst und eigenverantwortlich vornehmen können, ist eine kritische Auseinandersetzung zu Hause und ein Unterricht, in dem Mediennutzung reflektiert und diskutiert wird.

Wichtige soziale Netzwerke und Messaging-Dienste – Eine knappe Vorstellung

WhatsApp
Twitter
Facebook musical.ly
YouTube
Instagram
Snapchat

Auf den folgenden Seiten möchten wir Ihnen die sozialen Netzwerke und Instant-Messaging-Dienste vorstellen, die Jugendliche nutzen. Uns ist bewusst, dass es sich dabei nur um eine Momentaufnahme handeln kann.

Es werden immer wieder neue soziale Netzwerke und Messaging-Dienste versuchen, sich auf dem Markt zu etablieren – genauso wie etablierte Dienste versuchen, erfolgreiche Funktionen anderer Plattformen zu übernehmen. Die Unternehmen entwickeln fortlaufend neue Ideen, wie wir miteinander in Kontakt treten können und wecken damit Bedürfnisse in uns, die wir heute noch gar nicht kennen. Aufgrund der Schnelllebigkeit dieser Entwicklungen konzentrieren wir uns in den Beschreibungen auf den folgenden Seiten weniger auf eine Schritt-für-Schritt-Anleitung der einzelnen Funktionen und Möglichkeiten, sondern versuchen stattdessen, das Besondere der jeweiligen Plattform herauszustellen. Wir wollen erklären, was das Angebot in den Augen Jugendlicher so besonders macht. Darüber hinaus sollen natürlich auch Gefahren, die mit der Nutzung einhergehen können, nicht unerwähnt bleiben.

Es ist unmöglich vorherzusagen, welche Dienste Jugendliche in zwei, vier oder sechs Jahren nutzen werden. Langfristig werden die Anbieter erfolgreich sein, die es schaffen, eine kritische Masse für sich zu gewinnen und zu halten. Es gilt: Nur wenn genügend Freunde einen Dienst verwenden, ist er für Jugendliche interessant. Es schadet natürlich nicht, sich zu informieren, welche Apps gerade angesagt sind und zu wissen, mit welchen Messengern Jugendliche am Nachmittag ihre Zeit verbringen. Für Sie als Lehrer oder Elternteil gilt es aber vor allem zu erkennen, worin der grundsätzliche Reiz, die Chancen und die Gefahren der Kommunikationsdienste bestehen. Dabei ist es zweitrangig, ob wir von Facebook, Snapchat oder einem Dienst sprechen, der noch erfunden werden muss.

Plattformen zur Kommunikation und Freundschaftspflege

Facebook

„Aus meiner Klasse nutzt kaum noch jemand Facebook. Das ist eher was für alte Leute – meine Eltern zum Beispiel." PAUL (16 JAHRE)

Was ist Facebook?

Facebook ist ein soziales Netzwerk, das Nutzern ermöglicht, persönliche Profile zu erstellen und diese durch Freundschaftsanfragen mit anderen Personen zu verknüpfen. Facebook besteht seit 2004 und wurde unter anderem von Mark Zuckerberg entwickelt. Innerhalb kurzer Zeit wurde Facebook zum wichtigsten sozialen Netzwerk und konnte 2011 bereits 800 Millionen Mitglieder vorweisen. Bis zum vierten Quartal 2016 stieg die Anzahl monatlich aktiver Nutzer auf 1,85 Milliarden. Seit dem 18. Mai 2012 ist Facebook Inc. an der Börse notiert und hatte im April 2017 einen Börsenwert von 410 Mrd. US-Dollar.

Altersbeschränkung: ab 13 Jahren (laut AGB)

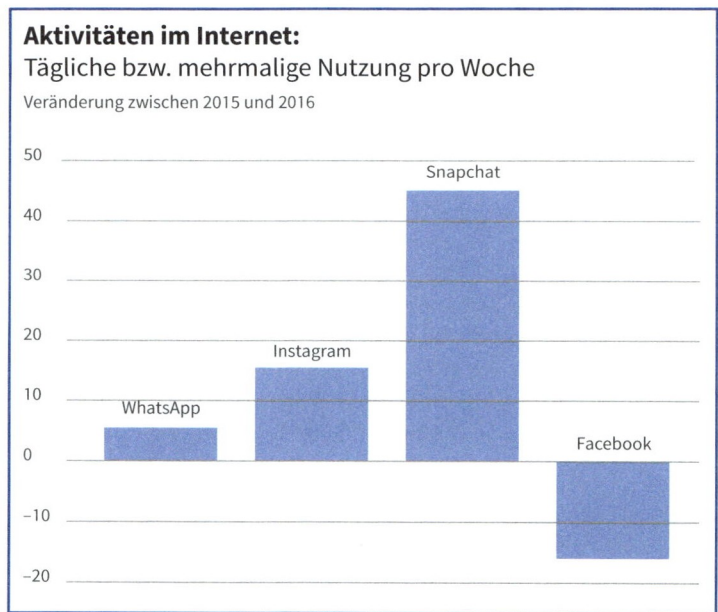

Aktivitäten im Internet:
Tägliche bzw. mehrmalige Nutzung pro Woche
Veränderung zwischen 2015 und 2016

Quelle: JIM 2016,
Angaben in Prozent

Funktionen

Laut der eigenen Startseite erfüllt Facebook folgende Funktion: „Auf Facebook bleibst du mit Menschen in Verbindung und teilst Fotos, Videos und vieles mehr mit ihnen." Im Detail sind die folgenden Funktionen von zentraler Bedeutung.

Facebook-Profil

Jeder Nutzer verfügt über ein Profil, das aus einer Sammlung von Fotos, Beiträgen und Informationen besteht. Diese Daten sind je nach Profileinstellung öffentlich für alle Nutzer, nur für Freunde, nur für bestimmte Freunde oder nur für den Nutzer selbst sichtbar. Demzufolge variiert stark, wie viele Informationen man über eine Person findet. Während in einigen Profilen kaum Informationen preisgegeben werden, informieren andere über den Beziehungsstatus, die Lieblingsfilme und -bücher, Hobbys oder sogar intime Details.

Freundeslisten

Im Vergleich zu anderen Netzwerken, wie zum Beispiel Snapchat, ist es bei Facebook einfach, Freunde, Bekannte und Arbeitskollegen zu finden und als Facebook-Freund hinzuzufügen. Dies ist der Tatsache geschuldet, dass man sich laut der AGB bei Facebook mit seinem echten Vor- und Nachnamen (Klarnamen) anmelden muss. Um die Freundesliste stetig zu erweitern, werden von Facebook regelmäßig Personen zum Hinzufügen vorgeschlagen.

Facebook-Gruppen erstellen oder beitreten

Familienmitglieder, Kollegen, Abschlussklassen oder sonstige Interessengemeinschaften können sich in Facebook-Gruppen miteinander vernetzen. Innerhalb dieser Gruppen kann man Neuigkeiten, Fotos, Videos oder Dokumente miteinander teilen. Gruppen können je nach Einstellung öffentlich oder privat sein.

Newsfeed/Neuigkeiten

Im Newsfeed werden u. a. die Beiträge von Freunden und gelikten Facebook-Gruppen angezeigt. Während in den ersten Jahren alle Beiträge im Newsfeed zu sehen waren, ist dies heute wegen der großen Anzahl nicht mehr praktikabel. Daher wird inzwischen ein Algorithmus eingesetzt, der individuell entscheidet, welche Beiträge im Newsfeed angezeigt werden. Die genaue Arbeitsweise des EdgeRank genannten Algorithmus ist geheim. Bekannt ist, dass Facebook drei Kriterien für die Auswahl heranzieht:

1. Affinität: Aus vergangenen Aktionen, wie zum Beispiel dem Lesen bestimmter Beiträge oder dem Anklicken von Links, wird berechnet, ob es wahrscheinlich ist, dass einem bestimmten Nutzer ein Beitrag gefällt.
2. Gewichtung: Je mehr Interaktion ein Beitrag durch Likes, Kommentare und

Shares bekommt, desto stärker wird er gewichtet.
3. Aktualität: Je aktueller ein Beitrag, desto eher wird ein Beitrag eingeblendet.

Warum mögen Jugendliche Facebook nicht mehr?

Facebook gilt bei Jugendlichen nicht mehr als angesagt. Aus folgenden Gründen sind die Nutzerzahlen bei Jugendlichen seit einiger Zeit rückläufig:

- Die Altersstruktur bei Facebook hat sich in den letzten Jahren stark verändert. Nutzten in den ersten Jahren hauptsächlich Schüler und Studenten Facebook, sind in der Vergangenheit immer mehr ältere Nutzer hinzugekommen bzw. die Nutzer der ersten Stunde sind mit der Plattform zusammen älter geworden. Da auch immer mehr Eltern und Lehrer auf Facebook vertreten sind, gilt Facebook nicht mehr als geeigneter, virtueller Treffpunkt für Schüler.
- Jugendliche wollen kein starres Onlineprofil pflegen, sondern ihre Persönlichkeit über Fotos und Videos präsentieren. Dazu eignen sich Snapchat und Instagram besser.
- Die auf der Plattform geschaltete Werbung wird von vielen jugendlichen Nutzern als störend wahrgenommen.

Hinweise für Eltern

Datenschutz und Werbung
Facebook Inc. steht wegen Fragen des Datenschutzes regelmäßig in der Kritik. Das Unternehmen sammelt stetig Daten und analysiert das Verhalten der Nutzer und ihrer Freunde. Diese Sammelwut lässt sich damit erklären, dass sich Facebook durch Werbung finanziert. Je genauer das Unternehmen seine Nutzer kennt, desto zielgerichteter kann Werbung eingeblendet werden und desto höher ist der Preis für die Werbekunden. Achten Sie daher genau darauf, welche Daten Sie und ggf. Ihre Kinder angeben. Beachten Sie dabei nicht nur, dass bestimmte Daten generell nicht öffentlich zugänglich sein sollten, sondern ebenso, dass Facebook auch nicht öffentliche Daten für eigene Zwecke nutzt.

Profileinstellungen
Überprüfen Sie die „Privatsphäre-Einstellungen" und gehen Sie alle Optionen Schritt für Schritt durch. Achten Sie genau darauf, welche Daten öffentlich und welche nur für Freunde sichtbar sind. Generell ist zu empfehlen, dass Beiträge und Informationen nicht für alle Nutzer zugänglich sind.

Abmahnungen
Nutzern, die urheberrechtlich geschütztes oder illegales Material auf Facebook verbreiten, droht eine Abmahnung durch einen Rechtsanwalt. Dies kann auch der

Fall sein, wenn Freunde Beiträge in Ihrer Chronik (ehemals Pinnwand) posten. Fragwürdige Beiträge in einer Chronik sollten daher sofort gelöscht werden.

Fotos hochladen

Verbreitet man Fotos oder Videos auf Facebook, ist darauf zu achten, dass man das Einverständnis von allen abgebildeten Personen eingeholt hat. Ist dies nicht der Fall, werden ggf. die Persönlichkeitsrechte verletzt. Einmal im Internet veröffentlichte Fotos sind nur schwer wieder zu entfernen. Es besteht auch immer die Gefahr, dass Bilder von anderen Personen kopiert und gespeichert werden. Daher sollte man nicht nur bei Facebook darauf achten, welche Fotos und Videos veröffentlicht werden. Dies gilt auch für Eltern, die gerne Urlaubsfotos ihrer Kinder posten.

Filterblase

Der oben als „EdgeRank" beschriebene Filteralgorithmus hat Einfluss auf die viel diskutierte Filterblase. Nutzer bekommen nur noch die Beiträge angezeigt, die sie wahrscheinlich interessieren werden. Das führt dazu, dass man zum größten Teil nur Meinungen und Artikel angezeigt bekommt, die die eigene Meinung widerspiegeln. Impfgegner bekommen zum Beispiel nur Beiträge von anderen Impfgegnern angezeigt und Artikel, die sich gegen das Impfen aussprechen. Es besteht daher die Gefahr, dass man Diskurse in Facebook nur einseitig wahrnimmt. Das kann auf Dauer zu einer erheblichen Blickverengung führen und insbesondere dann gefährlich werden, wenn es um sensible, politische Themen wie Extremismus geht.

Beispiel: Facebook

WhatsApp

„Ich hätte kein Leben ohne WhatsApp. Vom Sportverein über meine Klasse bis zu meinen Eltern nutzen das alle. Wenn ein Spiel ausfällt, erfahre ich das bei WhatsApp. Wenn ich die Lösungen zu den Mathehausaufgaben brauche, bekomme ich die bei WhatsApp. Wenn ich meinen Eltern Bescheid sagen muss, dass ich einen Bus verpasst habe, mache ich das mit WhatsApp." VANESSA (15 JAHRE)

Was ist WhatsApp?

WhatsApp ist ein Instant-Messaging-Dienst, der 2009 von Jan Koum und Brian Acton in Kalifornien gegründet wurde. Das Unternehmen WhatsApp Inc. wurde 2014 für 19 Mrd. US-Dollar an Facebook verkauft. Neben Text- und Sprachnachrichten können auch Fotos und Videos versendet werden. Inzwischen kann man WhatsApp auch zum Telefonieren über das Internet nutzen. Dies schließt auch Videotelefonie mit ein.

Altersbeschränkung: ab 13 Jahren (laut AGB)

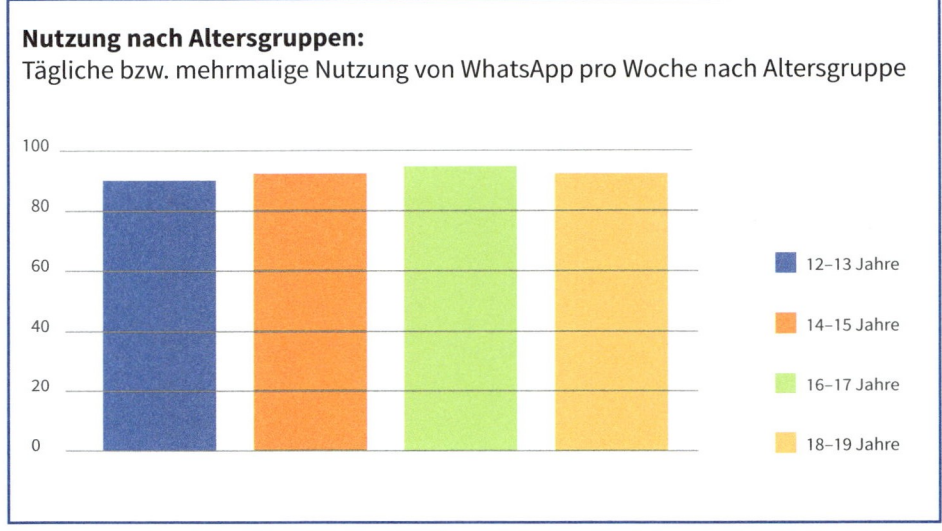

Nutzung nach Altersgruppen:
Tägliche bzw. mehrmalige Nutzung von WhatsApp pro Woche nach Altersgruppe

- 12–13 Jahre
- 14–15 Jahre
- 16–17 Jahre
- 18–19 Jahre

Quelle: JIM 2016, Angaben in Prozent, Basis: alle Befragten, n = 1.200

Funktionen

Nutzer können Text- und Sprachnachrichten sowie Fotos und Videos untereinander versenden und empfangen. Dabei besteht die Möglichkeit, nur mit einzelnen

Personen zu kommunizieren oder in Gruppenchats mit bis zu 256 Personen gleichzeitig. Nur der Gründer einer Gruppe (Administrator) kann Personen zu einer Gruppe hinzufügen bzw. entfernen. Über die Broadcast-Funktion können Nachrichten an mehrere Teilnehmer versendet werden, ohne dass diese Teilnehmer miteinander verbunden sind. Im Gegensatz zum Gruppenchat erhält also nur der Sender der ursprünglichen Nachricht Antworten und Reaktionen. Außerdem verfügt WhatsApp über eine Status-Funktion, mit der Bilder und Videos 24 Stunden lang für die eigenen Kontakte verfügbar sind.

Die Funktion „zuletzt online" ermöglicht es Nutzern zu sehen, wann ein anderer Nutzer das letzte Mal online war. Zusätzlich zeigen Häkchen an, ob eine Nachricht gesendet wurde (ein graues Häkchen), empfangen wurde (zwei graue Häkchen) oder bereits gelesen wurde (zwei blaue Häkchen). Diese Funktion lässt sich unter Einstellungen → Account → Datenschutz deaktivieren.

Warum mögen Jugendliche WhatsApp?

- Der größte Vorteil von WhatsApp ist die weite Verbreitung der App. Jugendliche können über WhatsApp mit so gut wie allen Freunden, Bekannten und Familienmitgliedern direkt kommunizieren.
- Gruppenchats sind einfach zu erstellen und zu verwalten. So können schnell wichtige und unwichtige Informationen an alle Gruppenmitglieder weitergegeben werden.
- WhatsApp ist kostenlos und die Handhabung einfach. Kontakte werden zum Beispiel automatisch aus dem Telefonbuch der Nutzer übernommen.

Beispiel: WhatsApp

Hinweise für Eltern

WhatsApp verbieten?

In Kapitel A4 wurden die negativen Auswirkungen von ständiger Erreichbarkeit und nicht endender Kommunikation behandelt. Ein Verbot von WhatsApp ist aber keine Lösung. Dies würde Jugendliche vom Informationsfluss komplett ausschließen, denn der Messenger wird nicht nur zur Kommunikation zwischen Freunden genutzt, sondern auch zwischen Vereinsmitgliedern, Mitschülern etc. Es ist aber durchaus sinnvoll, gemeinsam mit den Jugendlichen Zeiten zu vereinbaren, in denen der Messenger nicht genutzt wird. Unterstützend dazu gibt es die Möglichkeit, die App stumm zu stellen. Nachrichten werden dann noch empfangen, aber der Nutzer wird nicht per Ton darüber informiert.

Alternativen zu WhatsApp?

Im Sommer 2015 wurden mehrere Instant-Messaging-Dienste von der Stiftung Warentest getestet (HEFT 8/2015). Neben der Handhabung wurden die Funktion und der Umgang mit persönlichen Daten bewertet. Während WhatsApp die Kategorie „Handhabung" gewinnen konnte, gab es große Abzüge in der Kategorie „Umgang mit persönlichen Daten". Insgesamt haben u. a. die Messenger „Threema" und „Hoccer" wesentlich besser abgeschnitten. Wegen des Netzwerkeffektes sind diese beiden Apps momentan aber keine echte Alternative. Die Nutzerzahl anderer, ähnlicher Dienste ist im Vergleich zu WhatsApp nach wie vor gering. Und was nützt es, einen sichereren Messenger zu verwenden, wenn man mit niemandem kommunizieren kann?

Kettenbriefe

Das Phänomen der Kettenbriefe lebt auf WhatsApp weiter. Im Sommer 2016 bekamen viele Kinder und Jugendliche eine Sprachnachricht, in der eine weibliche Computerstimme den Nutzer aufforderte, die Nachricht an fünf Freunde weiterzuleiten – andernfalls würde die Mutter sterben. Meist handelt es sich bei solchen Botschaften um einen schlechten Scherz. Die Urheber der Kettenbriefe sind in der Regel aber schwer zu identifizieren. Junge Empfänger solcher Drohungen werden teilweise stark verunsichert. Klären Sie deshalb Ihre Kinder über diese Arten von WhatsApp-Nachrichten auf. Ab einem Alter von ca. 13 Jahren können Jugendliche diese Nachrichten meist richtig einordnen und ignorieren sie einfach.

Instagram

„Bei Instagram muss ich nicht schreiben, was ich gemacht habe, ich kann es mit Fotos und Videos einfach zeigen." SASKIA (15 JAHRE)

Was ist Instagram?

Instagram ist ein soziales Netzwerk, das seinen Schwerpunkt auf Fotos und Videos legt. Die Anwendung wurde von Kevin Systrom und Mike Krieger entwickelt und im Oktober 2010 zunächst nur für das Betriebssystem iOS für das iPhone veröffentlicht. Seit April 2012 ist Instagram auch auf mobilen Endgeräten mit dem Betriebssystem Android verfügbar. Im selben Monat wurde Instagram von Facebook Inc. für eine Milliarde US-Dollar übernommen. Instagram hatte zu diesem Zeitpunkt 100 Millionen aktive Nutzer bei lediglich 12 Mitarbeitern. Im Juni 2016 erreichte das soziale Netzwerk die Anzahl von 500 Millionen aktiven Nutzern, wobei 300 Millionen davon täglich auf Instagram aktiv waren. In Deutschland nutzten 2016 laut ARD/ZDF-Online-Studie 6,4 Millionen Instagram. (PROJEKTGRUPPE ARD/ZDF-MULTIMEDIA 2016)

Altersbeschränkung: ab 13 Jahren (laut AGB)

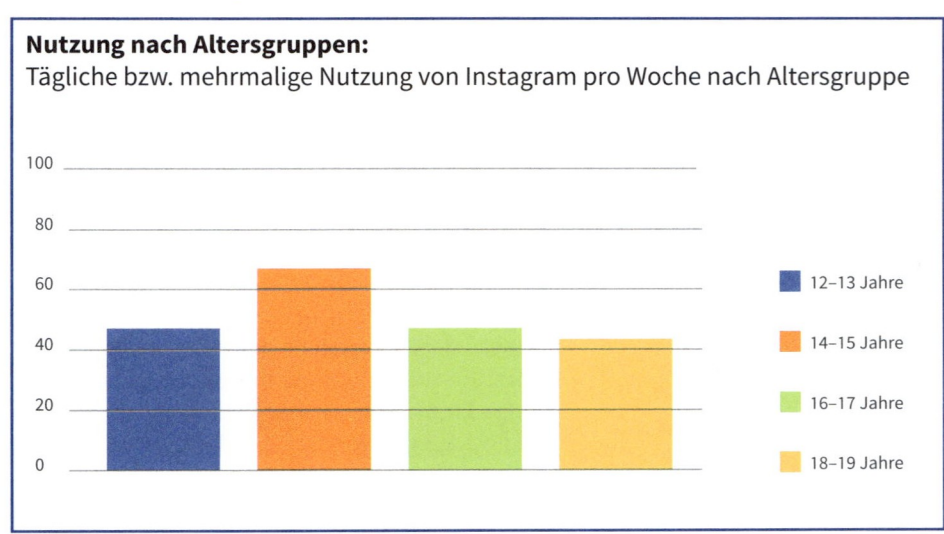

Nutzung nach Altersgruppen:
Tägliche bzw. mehrmalige Nutzung von Instagram pro Woche nach Altersgruppe

- 12–13 Jahre
- 14–15 Jahre
- 16–17 Jahre
- 18–19 Jahre

Quelle: JIM 2016, Angaben in Prozent Basis: alle Befragten, n=1.200

Funktionen

Die wichtigste Funktion von Instagram ist das Teilen von Fotos und Videos. Man kann diese direkt mit der App aufnehmen oder alternativ im Vorfeld erstellte Bilder oder Videos importieren. Die App ermöglicht zusätzlich das Taggen von Personen und Orten oder das Bearbeiten der Fotos und Videos, zum Beispiel durch das Anwenden von verschiedenen Filtern. Es besteht die Möglichkeit, Fotos und Videos, die einem gefallen, zu liken oder zu kommentieren. Hierfür findet sich unter jedem Inhalt ein Kommentarfeld.

Veröffentlichte Inhalte sind je nach Einstellung für alle Instagram-Nutzer oder nur für Freunde sichtbar. Über die Funktion „Instagram Direct" ist es jedoch auch möglich, Nachrichten, Bilder oder Fotos an einzelne Nutzer zu schicken und somit Instagram als Messenger zu nutzen.

Über die Funktion „Instagram Stories" können Fotos und Videos für einen Zeitraum von nur 24 Stunden für andere Nutzer veröffentlicht werden.

Warum mögen Jugendliche Instagram?

- Instagram ermöglicht es Jugendlichen, sich selbst darzustellen und über die Likes und Kommentare von Freunden direktes Feedback zu erhalten. In der Regel werden bei Instagram keine Schnappschüsse hochgeladen, sondern Fotos, die sorgfältig inszeniert wurden.
- Der Fokus auf Fotos und Videos übt einen besonderen Reiz aus. So müssen Jugendliche keine (langen) Texte schreiben oder lesen, um sich auszutauschen.
- Viele Jugendliche folgen berühmten Instagrammern, um über Mode- oder andere Trends informiert zu sein.
- Bei Instagram gibt es (bislang) weniger Werbung und Inhalte von Dritten als bei anderen sozialen Netzwerken und Messengern.
- Es existiert kein Algorithmus, der einem Nutzer nur bestimmte Beiträge seiner Freunde zeigt. Jeder Nutzer bekommt alle Fotos und Videos von abonnierten Personen zu sehen.
- Es besteht die Möglichkeit, Inhalte nur zeitlich begrenzt zu veröffentlichen.

Hinweise für Eltern

Profileinstellungen

Bei Instagram ist voreingestellt, dass alle geteilten Inhalte öffentlich und somit für alle Nutzer zugänglich sind. Es ist empfehlenswert, diese Voreinstellung zu verändern und Beiträge privat zu posten, so dass nur im Vorfeld akzeptierte Personen Beiträge sehen können.

Inszenierte Welten

Jugendlichen sollte bewusst sein, dass sie mit Instagram nur einen eingeschränkten und inszenierten Blick in das Leben von Freunden und berühmten Instagrammern erhalten. Positive Momente werden überdurchschnittlich oft gepostet, so dass Follower das Gefühl bekommen können, dass andere Menschen ein viel spektakuläreres, spannenderes und schöneres Leben führen als sie selbst. Alltägliche oder gar traurige Situationen findet man dementsprechend selten. Sprechen Sie mit Ihren Kindern darüber, dass diese Welten konstruiert sind und dass Fotos von berühmten Instagrammern nicht selten mit Fotobearbeitungssoftware künstlich verändert werden. Den Jugendlichen muss bei der Verwendung des Dienstes deutlich sein, dass die dort vermittelte Welt nicht repräsentativ ist.

Cyber-Mobbing

Jugendliche freuen sich sehr über positive Kommentare und Likes und fühlen sich durch diese bestätigt. Wie alle sozialen Netzwerke kommt es aber auch bei Instagram zu Fällen, in denen Nutzer bewusst verletzende Kommentare posten. Es kommt auch vor, dass sogenannte imitierte Instagramkonten eröffnet werden. Dabei eröffnen Dritte ein Konto unter dem Namen des potenziellen Mobbingopfers. Im Anschluss wird im Namen dieser Person gepostet und kommentiert.

Beispiel: Instagram

Snapchat

„Ich mag Snapchat, da meine Freunde die Bilder und Videos nur kurz sehen können. Ich kann einfach drauf los fotografieren und muss mir nicht so viele Gedanken über die Qualität eines Fotos machen wie zum Beispiel bei Instagram." FINN (13 JAHRE)

Was ist Snapchat?

Snapchat ist ein im September 2011 von zwei Stanford Studenten gegründeter Instant-Messaging-Dienst. Der Wert des Unternehmens Snap Inc. betrug im Oktober 2016 25 Mrd. US-Dollar.

Mit der App kann man sogenannte Snaps (Schnappschüsse) an einen selbstgewählten Nutzerkreis versenden. Diese Snaps können Fotos oder kurze Videos sein, die man bei Bedarf um Text und Zeichnungen ergänzt. Nutzer haben die Möglichkeit, aus ihren Snaps eine „Snapchat Story" (kurz: Story) zusammenstellen, die für alle Freunde eines Nutzers zugänglich ist.

Für lange Zeit war das Alleinstellungsmerkmal von Snapchat, dass die empfangenen Nachrichten, Fotos und Videos nur für eine kurze Zeitspanne betrachtet werden können. Diese vom Sender festzulegende Zeitspanne liegt zwischen einer und zehn Sekunden. In Stories eingefügte Snaps sind 24 Stunden lang für alle Freunde unbegrenzt verfügbar, danach nicht mehr abrufbar. Inzwischen bieten auch andere Instant-Messaging-Dienste wie zum Beispiel Instagram an, dass Fotos und Videos nur für eine bestimmte Zeit sichtbar sind.

Altersbeschränkung: ab 13 Jahren (laut AGB)

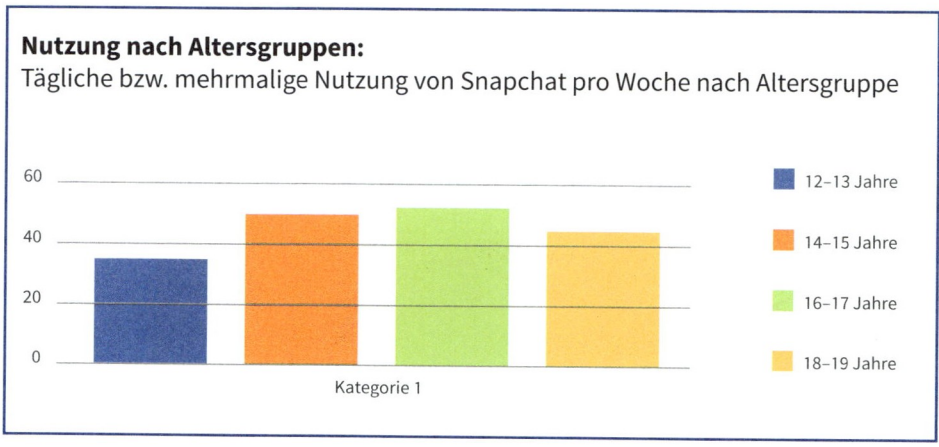

Nutzung nach Altersgruppen:
Tägliche bzw. mehrmalige Nutzung von Snapchat pro Woche nach Altersgruppe

- 12–13 Jahre
- 14–15 Jahre
- 16–17 Jahre
- 18–19 Jahre

Kategorie 1

Quelle: JIM 2016, Angaben in Prozent, Basis: alle Befragten, n = 1.200

Funktionen

Direkt aus der App heraus nimmt der Nutzer Fotos und Videos auf, bearbeitet diese gegebenenfalls und versieht sie mit Filtern. Nachdem er Freunde geaddet hat, kann er die Fotos und Videos an einzelne Nutzer oder an alle Freunde schicken.

Warum mögen Jugendliche Snapchat?

- Snapchat steht bei den Nutzern für Spontanität und Authentizität. Fotos auf Instagram werden inszeniert und sorgfältig ausgewählt. Auf Snapchat haben Jugendliche das Gefühl, ungezwungen kommunizieren zu können, ohne sich über die Beständigkeit ihrer Nachrichten Gedanken machen zu müssen.
- Die geteilten Fotos und Videos werden nicht gespeichert und belegen somit – anders als zum Beispiel bei WhatsApp – keinen Speicherplatz auf den Geräten.
- Die Funktion „Snapchat Stories" wird als digitales Tagebuch genutzt. So können sich Jugendliche gegenseitig an ihrem Alltag teilhaben lassen.
- Nur ein vom Nutzer definierter Personenkreis kann die Snaps sehen. So können Eltern bewusst ausgeschlossen werden. Da die Snaps nicht gespeichert werden, fällt die Möglichkeit weg, diese bei einer Kontrolle eines Smartphones zu betrachten.

Beispiel: Snapchat

Hinweise für Eltern

Auch wenn die Snaps nur für eine bestimmte Zeitspanne sichtbar sind, gibt es die Möglichkeit, Fotos und Videos zu speichern. So können mit Smartphones Screenshots angefertigt werden. Hierbei wird alles, was gerade auf dem Display angezeigt wird, als Bild abgespeichert. Jugendliche werden anmerken, dass die App das Anfertigen eines Screenshots erkennt und den Absender des Snaps darüber informiert. In diesem Fall wäre es aber bereits zu spät, da die Nachricht dann schon kopiert wurde. Es gibt zudem noch weitere Möglichkeiten, zum Beispiel spezielle Software oder das Abfotografieren mit einem zweiten Handy, bei denen der Sender nicht erfährt, dass eine Kopie angefertigt wurde. Man kann sich also nicht hundertprozentig sicher sein, dass Fotos oder Videos über Snapchat nicht doch vom Empfänger gesichert und verbreitet werden.

In Fällen von Cyber-Mobbing oder Sexting ist der Verlauf wegen der generell kurzen Halbwertzeit der Snaps nur schwer bis gar nicht rekonstruierbar.

Schließlich sollte noch erwähnt werden, dass die Fotos und Videos zwar nicht auf den Geräten gespeichert werden, dafür aber auf den Servern der Snap Inc. in Los Angeles. Ob die Daten dort archiviert werden oder was damit in Zukunft passiert, entzieht sich der Kontrolle des Nutzers.

Plattformen für Sender

YouTube

„Fernsehen schaue ich schon lange nicht mehr. Warum auch? Es gibt doch YouTube. Übrigens, ohne YouTube hätte ich eine 6 in Mathe." LISA (15 JAHRE)

Was ist YouTube?

Das Online-Videoportal YouTube wurde im Februar 2005 von drei Jungunternehmern gegründet und hatte seinen ersten Hauptsitz im kalifornischen San Mateo. Die Plattform wurde im Folgejahr für 1,65 Mrd. US-Dollar von Google Inc. aufgekauft und ist heute ein Vielfaches dessen wert.

Wie der Name YouTube und das Motto „broadcast yourself" schon verraten, sollen Nutzer selbst zu Produzenten werden und eigene Videos hochladen. In erster Linie wird YouTube aber genutzt, um Videos anzusehen, sie zu kommentieren und zu favorisieren. Durch die unkomplizierte Bedienung und die kostenlose Nutzung ist YouTube mittlerweile zu einem Fernsehersatz und einer populären Plattform für Selbstdarstellung avanciert. Mittlerweile kann man bei YouTube sogar von einem Leitmedium sprechen.

Pro Minute werden im Durchschnitt 100 Stunden Videomaterial hochgeladen. Allein in Deutschland hat die Plattform ca. 40 Millionen Nutzer, die neben Videos privater YouTuber vermehrt auch Inhalte von Unternehmen, Musik- und Filmproduzenten und Medienhäusern konsumieren. Auf YouTube lassen sich zu fast jedem Themengebiet Videos finden, egal, ob man nach Beauty-Tipps, Musikvideos, Kinotrailern, How-to Videos, Lifehacks, Dokumentationen, Polit-Talks oder aber auch nur nach Katzenvideos sucht.

Altersbeschränkung

Das Mindestalter zum Erstellen eines YouTube-Kontos liegt bei 13 Jahren. Der Zugang zu bestimmten Videoinhalten mit Altersbeschränkung ist laut den AGB in Deutschland auf 18 Jahre festgelegt.

Funktionen

Nutzer können über ihren Browser oder über die mobile App auf der Plattform einen beliebigen Suchbegriff eingeben, um passende Videos zu finden. Selbst gedrehte Videos kann man direkt über die App hochladen. Hierzu ist ein Nutzerkonto nötig. Die hochgeladenen Videos sind je nach Einstellung öffentlich, privat oder nur für Nutzer aufrufbar, die den genauen Link kennen. Die Kommentarfunktion ermöglicht es Nutzern, ihre Meinung zu Videos zu äußern.

Warum mögen Jugendliche YouTube?

- Ein Hauptmerkmal ist die unkomplizierte Nutzung. Anders als bei Kino, Fernsehen und DVDs haben Jugendliche immer einen schnellen, kostenlosen, mobilen und legalen Zugang zu den gewünschten Videos. Sie müssen keine festgelegten Sendezeiten abwarten und können ganz gezielt nach bestimmten Inhalten suchen.
- Jugendliche suchen sich Videos und ganze Videokanäle nach ihren individuellen Interessen und Vorlieben aus. Meist gehören die entsprechenden YouTuber auch ihrer Peergroup an und teilen somit viele ihrer Interessen und Meinungen. Sehr beliebt sind daher YouTuber, die Beauty- oder Fitness-Videos hochladen oder sogenannte Let's Plays aufnehmen, in denen sie Computerspiele spielen und diese dabei unterhaltsam kommentieren.
- Auf YouTube finden sich zu vielen schulischen Themen hilfreiche Erklärvideos. Jugendliche nutzen diese Videos, um Lerninhalte zu verstehen.
- Viele Jugendliche glauben, dass sie mit selbst produzierten Videos berühmt werden und Geld verdienen können. Viele der bekanntesten YouTube Stars waren anfangs Privatpersonen, deren Inhalte irgendwann so viele Klicks und Likes bekamen, dass sie Werbeverträge abschlossen, YouTube-Partnerschaften eingingen und Berühmtheit erlangten.

Hinweise für Eltern

Suchtfaktor
Wegen der fast schon für jeden Nutzer maßgeschneiderten Inhalte und der enormen Menge an vergleichbaren Videos können Jugendliche dazu verführt werden, mehrere Stunden am Tag – und in der Nacht – auf YouTube zu verbringen. Durch den nahtlosen Übergang von einem Video zum nächsten fällt es selbst disziplinierten Nutzern schwer, ein Ende zu finden.

(Cyber-)Mobbing
Selbst produzierte Videos, die von Mitschülern als peinlich oder schlecht bewertet werden, können zu Mobbing an der Schule oder in der Peergroup führen. Zusätzlich kann es zu Cyber-Mobbing in Form von Hasskommentaren von meist anonymen Nutzern oder zum Hochladen von peinlichen oder demütigenden Videos kommen. Teilweise kann diesem Problemen entgegengewirkt werden, indem die Kommentarfunktion bei den eigenen Videos deaktiviert wird oder problematische Videos gemeldet werden.

Falsche Vorstellungen

Echte YouTube-Stars sind eine Ausnahmeerscheinung. Sie verbreiten aber durch ihre vermeintliche Authentizität und persönliche Ansprache der Fans das Gefühl, jeder könnte ein erfolgreicher YouTuber werden. Da die Aufnahme und der Schnitt solcher Videos allerdings meist sehr zeit- und arbeitsaufwändig und gleichzeitig die Erfolgschancen, ein berühmter YouTuber zu werden, gering sind, kann ein Misserfolg frustrierend und demotivierend für Jugendliche sein.

Rechtliche Konsequenzen

Jugendliche kennen nicht immer die rechtlichen Rahmenbedingungen. Klären Sie daher Ihre Kinder auf, dass man vor dem Hochladen urheberrechtlich geschützter Inhalte, wie zum Beispiel Musik oder Spiele, die entsprechenden Lizenzen einholen muss. Genauso ist es nötig, das Einverständnis von allen Personen einzuholen, die in einem Video zu sehen sind.

Product Placement

YouTube-Stars haben einen großen Einfluss auf ihre Zuschauer. Viele Unternehmen nutzen diesen Einfluss, um über Product Placement ihre Produkte oder Dienstleistungen an Jugendliche zu verkaufen. Schauen Sie daher zusammen mit Ihrem Kind Videos von YouTubern und achten Sie gemeinsam auf Product Placement. Thematisieren Sie, dass Unternehmen je nach Reichweite bis zu fünfstellige Beträge für diese Art der Werbung zahlen und dass die Aussagen der YouTuber dadurch umso kritischer geprüft werden müssen.

Beispiel: YouTube

musical.ly

„musical.ly ist cool, weil ich ganz schnell tolle Musikvideos erstellen kann. Außerdem kann ich mir die Videos von anderen ansehen und von denen Ideen für Dance Moves oder Stylings holen." Elena (11 JAHRE)

Was ist musical.ly?

musical.ly ist ein soziales Netzwerk zum Erstellen, Teilen und Betrachten von bis zu 15 Sekunden langen Videos, auch Musicallys genannt. Die Anwendung wurde von den Chinesen Louis Yang und Alex Zhu in Shanghai entwickelt und wird inzwischen von einer Außenstelle in San Francisco weiterentwickelt. Der Wert des Unternehmens musical.ly Inc. betrug im Dezember 2016 700 Millionen Euro.

Altersbeschränkung: ab 13 Jahren (laut AGB)

Funktionen

Nutzer können die Videos direkt mit der App aufnehmen und im Anschluss mit verschiedenen Filtern versehen. Funktionen wie Zeitraffer und Zeitlupe machen die Videos zusätzlich interessant. Die erstellten Videos können außerhalb der App auf dem Handy gespeichert oder gepostet werden. Je nach Einstellungen sind die veröffentlichten Videos nur für Freunde oder für alle sichtbar. Wie bei sozialen Netzwerken üblich, kann man Hashtags nutzen und die Videos anderer kommentieren oder liken.

Man kann zwei Arten von Musicallys unterscheiden:

1. Klassische, selbstgefilmte Handyvideos mit einer eigenen Bild- und Tonspur. Diese können bis zu 15 Sekunden lang sein, werden meistens mit der Handykamera aufgenommen und direkt hochgeladen.
2. Voll-Playback Videos zu Liedern oder lustigen Zitaten. Für diese Art von Videos hört man sich zunächst die originale Tonspur an. Bei der Aufnahme des Videos wird diese Tonspur erneut abgespielt und man bewegt seine Lippen synchron dazu (Lip Syncing). Die App fügt nun das eigene Video und die originale Tonspur zusammen.

Bei dem Großteil der Videos handelt es sich um Voll-Playback-Videos. Die Muser genannten Nutzer können hierfür auf eine Bibliothek von über einer Million Liedern in der App zurückgreifen. Alternativ kann man auch eigene, auf dem Handy gespeicherte Lieder nutzen.

Warum mögen Jugendliche musical.ly?

- Nutzer können mit wenig Aufwand semi-professionell wirkende Ergebnisse erzielen. Viele Kinder und Jugendliche haben den Wunsch, eigene Videos zu produzieren und diese ihren Freunden und/oder der ganzen Welt zugänglich zu machen. Gute YouTube-Videos zu produzieren ist mit einem gewissen Aufwand verbunden. Bei musical.ly haben Anfänger ihr erstes Video in wenigen Sekunden erstellt, Freunde gefunden und Likes gesammelt.
- Es gibt die Möglichkeit, mit anderen Nutzern Duette aufzunehmen. Der Duett-Partner muss dafür nicht vor Ort, sondern lediglich bei musical.ly angemeldet sein.
- Die Videos können auf dem Handy gespeichert und auf anderen sozialen Netzwerken, wie zum Beispiel Instagram oder WhatsApp, gepostet werden.
- Die Option, auch lustige Zitate im Voll-Playback aufzunehmen, bietet Jugendlichen weitere Möglichkeiten sich auszuprobieren.

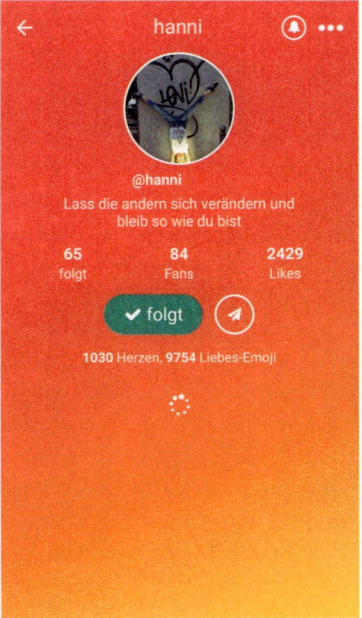

Beispiel: musical.ly

Hinweise für Eltern

Mindestalter

Auch wenn Musical.ly laut AGB ein Mindestalter von 13 Jahren verlangt, ist dieses soziale Netzwerk besonders bei Kindern zwischen 9 und 13 Jahren beliebt. Diese Altersgruppe befindet sich in einer Phase der Identitätsfindung. Mit musical.ly können sie spielerisch in verschiedene Identitäten schlüpfen, die Verkörperung dieser Identität dann an ihre Freunde senden und testen, wie sie ankommt. Auch spielt der Wunsch nach „Fame" (siehe Kapitel A5) in dieser Lebensphase eine größere Rolle. Jugendliche ab 13 nutzen aktuell eher Snapchat und Instagram, um Inhalte zu teilen.

Profileinstellungen

Achten Sie auf die Profileinstellungen Ihrer Kinder. Bei der Anmeldung bei musical.ly ist das Profil als öffentlich voreingestellt. Das heißt, dass die produzierten Videos für alle Nutzer sichtbar sind. Es ist ratsam, die Einstellungen auf „privates Konto" zu stellen, so dass nur vorher hinzugefügte Personen Zugriff auf die Videos haben. Zu beachten ist außerdem, dass sich musical.ly laut Nutzungsbedingungen vorbehält, die Videos für andere Zwecke, vor allem Werbezwecken, zu nutzen. Das gilt auch für Videos im Privatmodus.

Urheberrecht

Nutzt man Songs, die auf dem eigenen Handy gespeichert sind, muss man vorsichtig sein, zumindest, wenn man nicht selbst Urheber des Liedes ist. Ist man nicht Urheber, müssten die Nutzungsrechte beim Eigentümer der Rechte eingeholt werden. Weniger problematisch ist es, wenn man auf die Songs der musical.ly-Bibliothek zurückgreift. Aber auch hier gewährleistet musical.ly keine hundertprozentige Rechtssicherheit. In jedem Fall ist es ratsam, die erstellten Videos nur einem eingeschränkten Personenkreis zugänglich zu machen und nicht im öffentlichen Modus zu verbreiten. Tritt man nicht alleine in dem Video auf, ist es ebenfalls wichtig, dass jeder, der gezeigt wird, mit der Veröffentlichung auch einverstanden ist.

Twitter

„Gut an Twitter finde ich, dass man sich kurz halten muss. Leider nutzen es meine Freunde aber kaum. " Luis (16 Jahre)

Was ist Twitter?

Twitter (engl. für Gezwitscher) ist ein Mikroblogging-Dienst, der es Nutzern ermöglicht, kurze Mitteilungen (Tweets) von nicht mehr als 140 Zeichen zu verschicken. Während Dienste wie WhatsApp und Snapchat eher der privaten Kommunikation dienen, wird Twitter für öffentliche Kommunikation genutzt.

Das Unternehmen Twitter Inc. wurde im März 2006 gegründet und hat seinen Hauptsitz in San Francisco. Twitter betreibt 25 weitere Büros, eines davon in Berlin.

Weltweit nutzen 310 Millionen Menschen den Dienst monatlich. (Quelle: Twitter Jahresbericht 2016) Für Deutschland liegen keine Zahlen zu angemeldeten Usern vor. Von Jugendlichen in Deutschland wird Twitter nur wenig genutzt. Laut JIM-Studie 2016 gehört nur für zwei Prozent der Jugendlichen Twitter zu den beliebtesten Internetangeboten.

Seit dem 7. November 2013 ist Twitter an der New Yorker Börse gelistet. Der Kaufpreis für eine Aktie stieg am ersten Tag von 26 US-Dollar auf 44,90 US-Dollar. Der Wert des Unternehmens lag damit bei 31 Mrd. US-Dollar. Inzwischen hat das Unternehmen stark an Börsenwert verloren, da die Umsatzzahlen und fehlende Gewinne enttäuschten. Eine Aktie kostete am 1.3.2017 nur noch 15,77 US-Dollar.

Altersbeschränkung

Twitter nennt selbst keine Altersbeschränkung. Laut AGB darf jeder den Dienst nutzen, der „gemäß den Gesetzen der zuständigen Gerichtsbarkeit nicht ausgeschlossen ist."

Funktionen

Mit Twitter können angemeldete Nutzer Tweets senden und empfangen. Ein Tweet wird an jeden übermittelt, der bei dem jeweils Sendenden als Follower eingetragen ist. Um öffentliche Twitter-Nachrichten zu suchen und zu lesen, ist keine Anmeldung nötig.

Tweets können von angemeldeten Nutzern kommentiert und diskutiert werden. Um einzelne Tweets einem Thema oder einem Ereignis zuzuordnen, werden diese mit Schlagwörtern, sogenannten Hashtags, versehen. Sie werden direkt in eine Nachricht eingefügt.

FC Bayern München ☑ @FCBayern · 2h

Heimspiel! Flutlicht! Pokalstimmung! Wir sind bereit für #FCBS04! #packmas

⊗ Translate to German

Beispieltweet

Die Funktion „Retweeting" ermöglicht es registrierten Nutzern, Tweets an alle ihre Follower weiterzuleiten. So kann sich ein Tweet schnell verbreiten, wobei der ursprüngliche Autor auch weiterhin angegeben wird.

Warum nutzen einige Jugendliche Twitter?

Viele (internationale) Stars und Sternchen twittern öffentlich über ihr Leben. Jugendliche können sich so über ihre Idole informieren.

Warum nutzen so wenige Jugendliche in Deutschland Twitter?

In Deutschland wird Twitter besonders von Politikern und Beschäftigten in der Medienbranche genutzt. Jugendliche nutzen Twitter nur selten. Das liegt unter anderem daran, dass sie Twitter als zu textlastig wahrnehmen und dass Twitter es nicht geschafft hat, eine kritische Masse an jugendlichen Nutzern zu gewinnen. Jugendliche nutzen grundsätzlich die Netzwerke, die auch ihre Freunde verwenden.

Hinweise für Eltern

Datenschutz
Twitter sammelt und verkauft personenbezogene Daten an Dritte (siehe Twitter Datenschutzbestimmungen). Unternehmen können u. a. für Marketingzwecke einen ganzen Datenstrom abonnieren. Dieser kann aus den Inhalten von Tweets und Nutzerprofilen bestehen oder Informationen zu den genutzten Geräten und dem Ort, von dem aus getweetet wurde, beinhalten. In der Vergangenheit sollen auch Regierungen und Geheimdienste diese Daten gekauft haben, um Dissidenten und Kritiker aufzuspüren. Laut netzpolitik.org verdient Twitter etwa 280 Millionen Dollar pro Jahr durch den Verkauf dieser Daten. (VGL. KURZ 2016)

Profileinstellungen
Es besteht die Möglichkeit, dass automatisch für jeden Tweet angegeben wird, von welchem Ort aus dieser versendet wurde. Diese Funktion sollte zum Schutz der Privatsphäre deaktiviert werden. Zusätzlich sollte die Einstellung „Protect my Tweets"

genutzt werden. Hiermit wird sichergestellt, dass nur diejenigen nutzereigene Tweets lesen können, die im Vorfeld als Follower akzeptiert wurden.

Beispiel: Twitter

Und wie geht es jetzt weiter?
Zusammenfassung und Ausblick

Sie haben in den ersten zwei Teilen des Buches nicht nur die sozialen Netzwerke und Instant-Messaging-Dienste kennengelernt, die Jugendliche nutzen, sondern auch erfahren, was es bedeutet, im digitalen Zeitalter aufzuwachsen: Das Smartphone stets dabei, immer erreichbar, immer vernetzt und immer online. Von diesen „Digital Natives" und von ihrer Lebenswelt haben wir in diesem Heft berichtet. Dem gegenüber stehen die „Digital Immigrants", die sich diese digitale Welt noch erarbeiten müssen. Ob Sie sich selbst der zweiten Gruppe zuordnen, mögen Sie selbst entscheiden. Tatsache ist jedoch, dass es vielen Eltern und Lehrern fast unmöglich scheint, mit der Entwicklung der digitalen Welt Schritt zu halten. Kaum hat man das Phänomen Facebook verstanden, nutzen Jugendliche das soziale Netzwerk kaum noch. Endlich schafft man es, seinen Laptop mit einem externen Bildschirm, Fernseher oder Videoprojektor verlässlich zu verbinden, gibt es andere Anschlüsse und andere Tastenkombinationen. Auf den ersten Blick scheint das für unsere Kinder alles kein Problem zu sein. Aber hält dieser Eindruck auch auf den zweiten Blick stand?

Schauen wir uns aber zunächst noch einmal ausgewählte digitale Entwicklungen zwischen den Jahren 2007 und 2017 an, um zu verstehen, wie sich die Welt für Heranwachsende in dieser sehr kurzen Zeitspanne verändert hat.

2007: In diesem Jahr kommt das erste Smartphone, das iPhone von Apple, auf den Markt. Für Jugendliche ist es wegen der hohen Anschaffungskosten und der teuren Verträge nur selten erschwinglich. Sie nutzen ihr Handy hauptsächlich noch zum Telefonieren und Verschicken von SMS. Dabei achten sie genau darauf, ihre im Vertrag enthaltenen Inklusiv-Minuten und -SMS nicht zu überschreiten. Musik wird über einen MP3-Player gehört und Fotos mit einer digitalen Kompaktkamera geschossen. Am heimischen PC nutzen sie den Messenger ICQ, um miteinander zu kommunizieren. Seit Ende Februar existiert das soziale Netzwerk schülerVZ. Bis zum Ende des Jahres haben sich über 2 Millionen Schüler in Deutschland, Österreich und der Schweiz registriert und nutzen das Netzwerk, um direkt oder in Gruppen zu kommunizieren und Bilder auszutauschen.

2012: Jeder zweite Jugendliche besitzt inzwischen ein Smartphone, mit dem er auch mobil surfen kann. Da Internet-Flatrates aber noch nicht stark verbreitet sind, gehen Jugendliche hauptsächlich über WLAN zu Hause ins Netz. Am Mobiltelefon wird über SMS oder verstärkt auch WhatsApp kommuniziert. Facebook hat schülerVZ eindeutig als beliebtestes soziales Netzwerk abgelöst. Einige Jugendliche spielen noch die virtuelle Bauernhofsimulation Farmville auf Facebook, wobei der Hype um dieses Spiel inzwischen vorbei ist. Zum Musikhören werden MP3-Player und vermehrt auch Smartphones genutzt. Fotos werden meist ebenfalls schon mit dem Smartphone aufgenommen.

2017: Spätestens mit 13 Jahren besitzt so gut wie jeder Jugendliche ein Smartphone. Zum Telefonieren wird das Gerät vergleichsweise selten genutzt und die meisten Schüler nutzen Flatrate-Angebote für Telefonate, SMS und mobiles Internet. Facebook ist nicht mehr angesagt – bevorzugt werden Snapchat, Instagram und von jüngeren Schülern auch musical.ly.

Jugendliche scheint diese rasante Entwicklung nicht zu überfordern. Das liegt jedoch nicht nur daran, dass für sie der Umgang mit Technik und sozialen Netzwerken ein selbstverständlicher Teil ihres Alltags ist. Es liegt schlichtweg auch daran, dass ein heute 13-jähriger gar nicht alle Entwicklungen mitgemacht hat. Er kennt schülerVZ nicht mehr und auch Facebook ist ihm nur als Netzwerk für „alte Leute" ein Begriff.

Gleichzeitig dürfen wir die Fähigkeiten von „Digital Natives" nicht überschätzen. Zu schnell attestiert man ihnen, sich generell im Internet und mit neuen Technologien auszukennen, Prozesse zu verstehen und medienkompetent zu agieren. Jugendliche können die Geräte und Apps bedienen, die sie in ihrem Alltag nutzen. Doch außerhalb dieser Alltags- oder Lifestylenutzung steht es um ihre Medienkompetenz oft sogar schlechter als bei „Digital Immigrants". Die folgenden vier Erfahrungsbeispiele sollen dies illustrieren:

Frau Peters (Lehrerin): „Ich habe meine Schüler im Deutschunterricht eine Szene aus ‚Leonce und Lena' von Georg Büchner einüben lassen. Jede Gruppe sollte die Szene mit ihrem Smartphone aufnehmen und mir das Video dann zukommen lassen. Sie sollten dazu das Video entweder in die Cloud hochladen und mir den Link zuschicken oder die Datei vom Smartphone auf einen USB-Stick übertragen. Nur die Hälfte der Gruppen hat das geschafft! Die anderen schienen damit einfach überfordert. Stattdessen wussten sie sich nicht anders zu helfen, als die Videos per WhatsApp oder Snapchat zu schicken."

Herr Hesse (Lehrer): „Im Geographieunterricht sollte eine Schülerin ein Referat über die Folgen eines Staudammes auf die Umwelt halten. Sie hat frei gesprochen und gute Illustrationen ausgewählt, ging aber nur auf vermeintlich positive Auswirkungen des Dammes ein und hat die Probleme gar nicht erwähnt. Meine Kritik konnte sie nicht nachvollziehen. Sie hätte intensiv im Internet recherchiert. Als ich genauer nachgefragt habe, kam heraus, dass ihre einzige Informationsquelle der Internetauftritt des Staudammbetreibers war."

Herr Schmedes (Geschäftsführer): „Ich bin immer davon ausgegangen, dass junge Leute wissen, wie man mit Computern umgeht. Tatsächlich können sie zwar Daten in eine vorhandene Excel-Tabelle eintragen, wenn sie aber eine eigene Tabelle erstellen sollen, scheitern sie kläglich. Auch bei der Formatierung von Texten hilft ihnen ihr WhatsApp-Wissen nicht wirklich weiter."

Frau Lech (Mutter eines 15-jährigen Sohns): „Ich sehe die Vorteile von Smartphones und Co. Aber mein Sohn ist kein aktiver und produktiver Nutzer, er konsumiert. Er schaut stundenlang Videos und spielt irgendwelche Autorennspiele bis spät in die Nacht. Als wir darüber gesprochen haben, hat er offen zugegeben, dass er es nicht schafft aufzuhören. Er hat seinen Medienkonsum einfach nicht im Griff."

Diese Beispiele zeigen deutlich: Nur weil Kinder von Geburt an in einer digitalisierten Welt aufwachsen, wissen sie noch lange nicht, wie man mit Software und Technik richtig umgeht, geschweige denn, dass sie verstehen würden, welche Implikationen der Gebrauch dieser Medien auf unsere Gesellschaft hat. Genau deshalb dürfen wir als Eltern und Lehrer uns nicht aus der Verantwortung ziehen und sagen: „Die kennen sich viel besser aus, die können höchstens mir etwas beibringen." Wir müssen mit unseren Kindern und Schülern in einen Dialog treten. Auf der einen Seite können wir etwas über neue soziale Netzwerke oder Kommunikationsformen lernen. Wir können uns auch sicher hier und da Tipps und Hilfestellungen abholen. Auf der anderen Seite können und müssen aber auch wir unseren Kindern oder Schülern Kompetenzen vermitteln, die für ihre Freizeit- bzw. Lifestylenutzung von Medien unabdingbar sind.

An dieser Stelle möchten wir Eltern drei grundlegende Regeln an die Hand geben, die sie verinnerlichen sollten:

1. **Sprechen Sie mit Ihren Kindern über die Medien, die sie nutzen und über die Inhalte, die sie konsumieren.** Achten Sie darauf, nicht nur über Gefahren und Probleme zu reden. Lassen Sie sich über Serien, Figuren, Musikbands, Computerspiele, Internetchats etc., für die sich ihr Kind interessiert, berichten. Respektieren Sie dabei den Geschmack und die Vorlieben von Kindern und Jugendlichen. Auf keinen Fall sollten Sie wertend in das Gespräch einsteigen.

2. **Leben Sie eine angemessene Mediennutzung vor.** Sie sind ein Vorbild. Wer ständig auf sein Smartphone schaut oder während eines Gespräches nebenbei WhatsApp-Nachrichten schreibt, kann von seinen Kindern kein anderes Verhalten erwarten.

3. **Vereinbaren Sie medienfreie Zeiten.** Diese Zeit könnte zum Beispiel während des gemeinsamen Essens stattfinden oder während die Hausaufgaben erledigt werden. Wenn Sie das Gefühl haben, dass das Smartphone Ihrem Kind den Schlaf raubt, sollten Sie eine Uhrzeit vereinbaren, zu der das Gerät bei Ihnen abgegeben wird oder außerhalb des Kinderzimmers aufbewahrt werden muss.

In der folgenden Tabelle haben wir weitere Hinweise, sortiert nach Nutzungsart und gestaffelt nach Altersgruppen, für Sie zusammengestellt.

	6–11 Jahre	12–14 Jahre	ab 15 Jahre
Surfen im Internet	Surfen Sie regelmäßig gemeinsam mit Ihrem Kind und lassen Sie sich die Seiten zeigen, die es nutzt. Sprechen Sie über die Inhalte.		Jugendliche können selbstbestimmt suchen und surfen.
	Legen Sie im Vorfeld Seiten fest, die Ihr Kind ausschließlich besuchen darf, ggf. mit technischen Filtern.	Überprüfen Sie gemeinsam mit Ihrem Kind, auf welchen Seiten es surft.	

	6–11 Jahre	12–14 Jahre	ab 15 Jahre
Smartphone-nutzung	Kein Smartphone / Smartphone nicht im Kinderzimmer	Feste Smartphone-nutzungszeiten / Smartphone ab ca. 19:00 Uhr nicht mehr im Kinderzimmer / ggf. Filterprogramme installieren	Smartphonefreie Zeiten vereinbaren.
	Sprechen Sie mit Ihrem Kind über Kostenfallen, wie z. B. In-App Käufe.		
	Durchsuchen Sie **niemals** das Smartphone Ihres Kindes! Das führt unweigerlich zu einem Vertrauensverlust.		

	6–11 Jahre	12–14 Jahre	ab 15 Jahre
Computer-, Smartphone- und Video-spiele	Sie wählen die Spiele aus und installieren sie.	Ihre Kinder dürfen Spiele nach Rücksprache mit Ihnen installieren.	Jugendliche dürfen Spiele selbstbestimmt installieren.
	Spielzeit darf 45 Minuten am Tag nicht überschreiten.	Spielzeit darf 60 Minuten am Tag nicht überschreiten oder wöchentliches Medienbudget.	Freie Einteilung oder wöchentliches Medienbudget
	Nutzen Sie Spiele nicht als erzieherisches Druckmittel. Wenn Kinder und Jugendliche als Belohnung spielen oder als Bestrafung nicht spielen dürfen, erhöhen Sie damit den Stellenwert von Spielen im Alltag.		
	Bei Computer- und Videospielen: Achten Sie auf die Altersfreigabe von Spielen. Unter www.usk.de erhalten Sie weitere Informationen.		
	Nutzen Sie Hilfsangebote, wenn Sie das Gefühl haben, dass Ihr Kind ein problematisches Spielverhalten zeigt und z. B. Kontakt zu Freunden verliert oder sich kaum noch für andere Tätigkeiten interessiert.		

	6–11 Jahre	12–14 Jahre	ab 15 Jahre
Allgemein	Sensibilisieren Sie Ihr Kind für den Schutz persönlicher Daten. Welche Daten dürfen öffentlich gepostet werden, welche nur an Freunde weitergegeben werden und welche sollten gar nicht im Netz preisgegeben werden?		
	Tauschen Sie sich mit den Eltern von Klassenkameraden und Freunden aus.		
	Nutzen Sie aktuelle Ereignisse in der Schule, im Bekanntenkreis oder in den Medien als Gesprächsanlass, um über Mediennutzungsverhalten, Gefahren und Probleme zu sprechen.		

Und wie geht es jetzt weiter?

Wir können fest davon ausgehen, dass sich die digitale Welt auch weiterhin rasant verändern wird und Einfluss auf unseren Alltag, aber auch auf unseren Unterricht nehmen wird. Technisch werden Smartphones mit jeder Generation leistungsfähiger, sie werden eine höhere Prozessorleistung, mehr Arbeitsspeicher und eine bessere Kamera mitbringen. Die Übertragungsgeschwindigkeit des mobilen Internets wird schneller und die mobile Datennutzung billiger werden. Diese Veränderungen sind relativ einfach vorherzusehen.

Welche Plattformen jedoch erfolgreich sein werden und wie wir konkret miteinander in Zukunft kommunizieren, darüber lässt sich nur spekulieren. Es werden immer wieder neue soziale Netzwerke um die Gunst von Jugendlichen buhlen. Zunehmend dürften in diesem Zusammenhang auch VR (Virtual Reality) und AR (Augmented Reality) eine tragende Rolle bekommen und massentauglich werden. In jedem Fall wird genutzt, was eine noch einfachere, intuitivere und auch flexiblere Möglichkeit zum Austausch und zum Darstellen der eigenen Persönlichkeit bietet – und vor allem, was Eltern und Lehrer (noch) nicht nutzen.

Wie auch immer die Entwicklungen aussehen: Jugendliche werden auch weiterhin unsere Hilfe brauchen, sich in einer digitalen Welt zurechtzufinden.

(Cyber-)Mobbing

Welche Gründe kann (Cyber-)Mobbing haben?

Die Anlässe, warum jemand mit Mobbing gequält wird, sind vielfältig und oft sehr unbedeutend. Meist sucht der Täter nur einen Vorwand, um sein Opfer zu drangsalieren. Ein solcher Vorwand kann zum Beispiel die Kleidung sein, die Familiensituation oder die Zugehörigkeit zu einer religiösen oder kulturellen Gruppe. Folgende Ursachen sind sehr häufig:

- Wenn Klassengemeinschaften sich verändern, weil Klassen neu zusammengesetzt werden oder neue Mitschüler in die Klasse kommen, kann dies Konflikte auslösen, die langfristig zu Mobbingsituationen führen.
- Wenn Freundschaften sich verändern und nach langer Zeit zerbrechen, können die ehemals positiven Gefühle füreinander in Abneigung und Hass umschlagen.
- Konflikte in der Klassengemeinschaft werden ins Internet bzw. auf das Handy verlagert, wo sie sich dann verstärken und außer Kontrolle geraten.
- Die Verbreitung von Informationen oder Bildern, die sehr persönlich oder privat sind, kann zu Aggressionen führen – selbst wenn die Daten aus Versehen und ohne böse Absicht verbreitet wurden.
- Mobbing wird indirekt unterstützt, wenn die ersten sichtbaren Anzeichen für dieses Problem nicht unmittelbar sanktioniert werden.
- Manchmal wird aus purer Langeweile oder alltäglicher Unterforderung gemobbt.

Die rechtlichen Folgen von (Cyber-)Mobbing

Es gibt kein Gesetz in Deutschland, das Cyber-Mobbing unter Strafe stellt. Dennoch verbergen sich hinter Mobbingattacken viele einzelne Straftaten, für die ein Täter zur Verantwortung gezogen werden kann:

- Jeder, der andere öffentlich beleidigt, kann dafür bestraft werden.
- Wer andere bedroht, macht sich ebenfalls strafbar.
- Auch üble Nachrede und Verleumdung sind strafbar. Darunter versteht man die Verbreitung von Tatsachen über jemand anderen, die nachweislich nicht stimmen und den Betroffenen herabwürdigen.
- Ebenso ist die Verbreitung von vertraulichen Aussagen unter Strafe gestellt, zum Beispiel durch unerlaubte Aufnahme und Veröffentlichung von Gesprächen im Internet.
- Das Persönlichkeitsrecht besagt, dass Bilder nur mit Einwilligung der Abgebildeten verbreitet werden dürfen. Eine unerlaubte Verbreitung kann bestraft werden.
- Sehr problematisch ist das Verteilen von Bildern, die in einem besonders geschützten Raum aufgenommen wurden. Darunter fallen zum Beispiel Fotos in

einer Umkleidekabine, einer Toilette oder heimliche Aufnahmen in einer privaten Wohnung.

Bei sehr jungen Tätern steht aber nicht die Bestrafung, sondern die Erziehung im Vordergrund. Kinder unter 14 Jahren sind strafunmündig. Sie können von einem Gericht also noch nicht für ihre Taten zur Rechenschaft gezogen werden.

Was löst (Cyber-)Mobbing bei den Betroffenen aus?

Wer gemobbt wird, steht meist unter einem hohen psychischen Druck.

* Der Betroffene ist bedrückt, schweigsam, ungewöhnlich nervös oder angespannt und ängstlich.
* Leidtragende schlafen meist schlecht oder können sich nicht mehr aufs Lernen konzentrieren.
* Sie haben Schulangst oder werden ernsthaft seelisch krank und entwickeln eine Depression, die ärztlich behandelt werden muss.

Wenn die Seele leidet, kann dies auch körperliche Auswirkungen haben: Der Betroffene hat Beschwerden, die sich nicht eindeutig erklären lassen. Manche Menschen entwickeln mit der Zeit sogar eine Abneigung gegen sich selbst und verlieren ihr Selbstwertgefühl. Dies kann so weit gehen, dass sie sich selbst Schaden zufügen und sich beispielsweise absichtlich selbst verletzen.

Beim Cybermobbing kommt es nicht selten vor, dass das Opfer gar nicht weiß, wer hinter den Attacken steht. Dadurch fühlen sich die Betroffenen besonders allein und hilflos. Da über das Handy oder das Internet praktisch rund um die Uhr gemobbt werden kann, ist die Situation sehr belastend, denn es fehlt ein geschützter Rückzugsraum.

Was können Kinder und Jugendliche gegen (Cyber-)Mobbing tun?

Die folgenden Informationen können Sie direkt an Ihre Kinder/Schüler weitergeben.

Tipps für betroffene Kinder und Jugendliche: Wehr dich gegen Mobbing!

Wichtig: Die Hoffnung, dass Mobbingattacken von allein aufhören, ist meist vergebens.

Es ist falsch, die Probleme, die du hast, vor Erwachsenen herunterzuspielen. Mobbing ist kein „Kinderproblem" und es ist nicht deine Schuld, wenn du Ziel von Mobbingattacken geworden bist.

Deswegen solltest du dich wehren und selbst aktiv werden, um deine Situation zu verbessern. Wende dich an Freunde oder Eltern, damit sie dich unterstützen und dir helfen – gemeinsam ist man stärker! Auch Lehrer, denen du vertraust, Schul-sozialarbeiter oder andere Erwachsene können dich unterstützen!

Sichere Beweismaterial (Bilder, E-Mails, SMS), damit du die Angriffe gegen dich belegen kannst. Wenn du das Gefühl hast, ernsthaft bedroht zu werden, wende dich an die Polizei und erstatte Anzeige!

Auch wenn es keinen sicheren Schutz gegen (Cyber-)Mobbing gibt, kann man es möglichen Tätern schwermachen:

- Stelle möglichst wenige Daten von dir ins Netz und gib niemals deine Adresse oder deine Handynummer im Internet preis.
- Wenn du in sozialen Netzwerken unterwegs bist, stelle die Profileinstellungen auf „privat", sodass sie nur von deinen Freunden eingesehen werden können.
- Warte nicht, bis die Situation, in der du dich befindest, für dich unerträglich wird – je eher du dir Hilfe holst, desto schneller kann es dir wieder besser gehen. Mobbing geht uns alle an!

Schutzsoftware und Sicherheitseinstellungen

Welche technischen Möglichkeiten gibt es, um Kinder und Jugendliche vor übermäßigem Medienkonsum und gefährlichen Inhalten im Internet zu schützen?

Jugendschutzsoftware

Filtersoftware: Mit dieser Art von Software können Sie filtern, welche Internetseiten Ihre Kinder aufrufen. Es gibt zwei verschiedene Prinzipien:

1. Positivlisten (Whitelists)
   Für jüngere Kinder bietet sich eine Filtersoftware an, bei der man Nutzern nur Zugriff auf ausgewählte Internetseiten gewährt. Diese werden auf einer Positivliste aufgeführt. Das bedeutet, dass keine Seiten angesehen werden können, die nicht auf dieser Liste vermerkt sind.

2. Negativlisten (Blacklists)
   Ältere Kinder und Jugendliche wollen und brauchen mehr Freiraum im Internet. Hier sollte man eine Filtersoftware nutzen, die bestimmte Seiten sperrt. Die Adressen der gesperrten Seiten werden in einer Negativliste aufgeführt. Alle Seiten auf dieser Liste werden dann von der Software geblockt. Aber Achtung: Der Schutz ist nur so gut wie die Liste. Sie sollte möglichst automatisch aktualisiert werden, da täglich neue Internetseiten im Netz auftauchen, die jugendgefährdende Inhalte zeigen.

Monitoring-Software: Diese Art von Software protokolliert die App- und Internetnutzung Ihrer Kinder. So können Sie Ihr Kind im Nachhinein kontrollieren.

Zeitkontroll-Software: Diese Art von Software ermöglicht es, dass man die Nutzung von bestimmten Apps, wie zum Beispiel Spiele, WhatsApp oder YouTube, zeitlich beschränkt. Sie können Ihrem Kind u.a. tägliche, wöchentliche oder monatliche Zeitkontingente zuweisen oder bestimmte Zeitfenster für die Nutzung sperren. Bei einigen Programmen ist es auch möglich, dass Sie direkt von Ihrem Handy aus, zum Beispiel während des Essens, die Smartphonenutzung sperren.

Hinweis: Wenn Sie Jugendschutzsoftware nutzen wollen, müssen Sie darauf achten, dass die Software auf allen Geräten installiert ist, die Ihr Kind nutzt.

Bezugsquellen:
Smartphones/Tablets: Die Apps können direkt über das mobile Gerät im App Store (Apple-Geräte) oder im Play Store (Android-Geräte) bzw. im Windows Store erworben werden. Einzelne Apps mit eingeschränkten Funktionen werden dort auch kostenlos angeboten.

Computer: Im Einzelhandel können Sie sogenannte „Security Suiten" erwerben, die in der Regel neben Viren-Schutz auch Überwachungs- und Kontrollfunktionen anbieten. Alternativ können Sie die Software auch direkt über das Internet beim Anbieter kaufen und die Installationsdatei im Anschluss herunterladen. Suchen Sie dazu im Internet nach „Security Suiten". Es bietet sich an, im Vorfeld Testberichte von Computerzeitschriften oder der Stiftung Warentest zu lesen.

Routereinstellungen

Bei den meisten Internetroutern können Sie Einstellungen vornehmen, um Ihre Kinder zu schützen oder zu kontrollieren. An dieser Stelle möchten wir Ihnen nur eine kleine Auswahl an Funktionen vorstellen, die im Kern wie die oben vorgestellten Schutzsoftware-Programme arbeiten:

- Positivlisten: Sie können Internetadressen angeben, die angeschaut werden können. Wenn Sie diese Funktion aktivieren, kann keine Seite aufgerufen werden, die nicht auf der Liste steht.
- Negativlisten: Sie können Internetadressen angeben, die vom Router blockiert werden und somit nicht geladen werden können.
- Zeitkontingente: Sie können Zeitkontingente für die Onlinezeit zuweisen. Aber Achtung: Da Smartphones in der Regel immer online sind, sind diese Kontingente schnell ausgeschöpft.
- Datenkontingente: Sie können einstellen, wie viele Megabyte oder Gigabyte Nutzer am Tag zur Verfügung haben.

Hinweis: Wenn das Gerät Ihres Kindes nicht über Ihren Internetrouter, sondern über Mobilfunk oder andere Router mit dem Internet verbunden ist, funktioniert dieser Schutz nicht.

Aufgrund der Vielzahl von Routern auf dem Markt können wir leider keine Schritt-für-Schritt-Anleitung zur Einrichtung der Schutzmechanismen anbieten. Sollten Sie bei der Einstellung auf Probleme stoßen, empfiehlt es sich, im Netz nach dem Namen Ihres Routers in Verbindung mit dem Begriff „Kindersicherung" zu suchen, um eine Anleitung speziell für Ihren Router zu bekommen.

> **Achtung:** Es gibt keinen 100-prozentigen technischen Schutz im Internet. Das liegt einerseits daran, dass die Technik nicht perfekt ist und anderseits daran, dass viele Kinder und Jugendliche Schutzmechanismen aushebeln können. Technische Hilfsmittel entlassen Eltern also keineswegs aus ihrer Verantwortung. Das Wichtigste ist, dass Sie Ihre Kinder bei der Nutzung digitaler Angebote begleiten, regelmäßig über ihre Erfahrungen sprechen und klare Regeln mit ihnen zusammen vereinbaren.

Wo finde ich weitere Informationen oder Hilfsangebote?

iRights.info (WWW.IRIGHTS.INFO)

Auf dieser mit dem Grimme Online Award ausgezeichneten Seite finden Sie u.a. Informationen zu den Themen Urheberrecht, Datenschutz und Sicherheit.

Das Portal wird vom Verein iRights e.V. betrieben und ist unabhängig von Parteien und Unternehmen. Die Entwicklung des Portals wurde vom Bundesministerium für Ernährung, Landwirtschaft und Verbraucherschutz gefördert.

Juuuport (WWW.JUUUPORT.DE)

Juuport sieht sich als Web-Selbstschutz-Plattform. Sie wird von der Niedersächsischen Landesmedienanstalt betrieben. Jugendliche zwischen 12 und 21 Jahren können sich auf dieser Plattform über Themen wie Cyber-Mobbing oder Rechte im Internet austauschen. Es besteht weiterhin die Möglichkeit mit ausgebildeten Jugendlichen, sogenannten Scouts, in Kontakt zu treten, die bei größeren Problemen ihre Hilfe anbieten.

Das Portal wird vom gemeinnützigen Verein juuuport e.V. betrieben, dessen Zweck die Bildung und Erziehung junger Menschen im kompetenten und verantwortungsbewussten Umgang mit neuen Medien ist. Das Portal wurde von der Niedersächsischen Landesmedienanstalt initiiert.

Klicksafe (WWW.KLICKSAFE.DE)

Bei Klicksafe handelt es sich um eine EU-Initiative für mehr Sicherheit im Netz. Auf der Internetseite finden Sie eine Vielzahl an Materialien für verschiedene Zielgruppen (Eltern, Lehrer, Jugendliche) zu allen wichtigen Themen rund um das Thema Medien und Internet.

Klicksafe.de ist Teil der Initiative klicksafe im CEF Telecom Programm der Europäischen Union für mehr Sicherheit im Internet. In Deutschland wird die Plattform von der Landeszentrale für Medien und Kommunikation Rheinland-Pfalz und der Landesanstalt für Medien Nordrhein-Westfalen umgesetzt.

Mediennutzungsvertrag (WWW.MEDIENNUTZUNGSVERTRAG.DE)

Der Mediennutzungsvertrag ist ein Angebot des Portals Internet-ABC. Diese Seite hilft Ihnen, wenn Sie mit Ihrem Kind feste Regeln zur Mediennutzung vereinbaren möchten. Sie können Regeln zu verschiedenen Aspekten, wie zum Beispiel Smartphones, Gaming, Fernsehen etc. zu einem Vertrag zusammenstellen, der direkt ausgedruckt werden kann.

Die Internetseite wird von klicksafe und dem Verein Internet-ABC e. V. betrieben.

SCHAU HIN! (WWW.SCHAU-HIN.INFO)

Auf dieser Seite können sich Eltern u. a. darüber informieren, wie Kinder und Jugendliche richtig im Internet surfen, fernsehen oder soziale Netzwerke und mobile Geräte nutzen.

Die Internetseite wird vom Projektbüro SCHAU HIN! betrieben und ist eine Initiative vom Bundesministerium für Familie, Senioren, Frauen und Jugend, der ARD, dem ZDF und der Zeitschrift TV Spielfilm.

Glossar

adden

Der englische Begriff „add" bedeutet hinzufügen. Das Wort „adden" wird genutzt, um auszudrücken, dass man jemanden zu seiner Kontaktliste bzw. in einem sozialen Netzwerk, wie z. B. Instagram, zu seinem Freundeskreis hinzufügt hat.

Beispiele: *„Add mich mal." / „Ich habe dich bei Instagram geaddet."*

Adventure (Computerspiel-Genre)

Adventures, auch Abenteuerspiele genannt, haben in der Regel eine geschlossene Handlung. Der Spieler steuert eine oder verschiedene Spielfiguren und kann ohne Zeitdruck Rätsel und Aufgaben lösen, um die Spielgeschichte voranzutreiben. Typische Aktionen in Adventures sind das Sammeln von Gegenständen und das Interagieren mit anderen Spielfiguren. Die ersten Adventures waren reine Textadventures ohne Grafik. Grafikadventures, wie z. B. Monkey Island und Maniac Mansion, gehörten in den 1990er Jahren zu den beliebtesten Spielen. Seit Ende der 1990er Jahre hat die Beliebtheit des Genres jedoch deutlich abgenommen. Heutzutage gibt es kaum noch reine Adventures.

AR (Augmented Reality)

Von „Augmented Reality" oder auch „erweiterter Realität" spricht man dann, wenn computergenerierte Informationen oder virtuelle Objekte in reale Umgebungen eingebunden werden. Ein Beispiel ist die bei Fußballübertragungen eingeblendete Abseitslinie. Auch Smartphones und Tablets können mit der Hilfe verschiedener Apps, wie z. B. Google Translate, eine erweiterte Realität anzeigen. Die genannte App übersetzt z. B. direkt im Display von einer Sprache in eine zweite Sprache und bindet die Übersetzung in die Umgebung ein. Einen ersten, kurzfristigen Boom erlebte AR im Sommer 2016 durch das Smartphonespiel Pokémon Go. Hier konnten Spieler virtuelle Wesen in realer Umgebung einfangen.

Content

Der englische Begriff „content" bedeutet Inhalt. Als Content wird alles bezeichnet, was Nutzer in ein soziales Netzwerk, ein Blog oder eine Webseite hochladen, u.a. Videos, Fotos und Texte.

Cyber-Grooming

„Grooming" ist der Fachbegriff für verschiedene Handlungen, die sexuelle Kontakte vorbereiten. Spielen sich diese Handlungen im Internet ab, spricht man von „Cyber-Grooming". Wenn diese Handlungen der Vorbereitung von sexuellem Kindesmissbrauch dienen, sind diese strafbar.

Cyber-Grooming findet nicht nur in sozialen Netzwerken statt, sondern z. B. auch über Chatfunktionen in mobilen Spielen. In einem ersten Schritt nehmen Täter Kontakt auf und erschleichen sich dann das Vertrauen von Kindern, z. B. durch virtuelle Güter, die in Spielen genutzt werden können.

Cyber-Mobbing

Unter Mobbing versteht man ein aggressives Verhalten, das sich gezielt über einen längeren Zeitraum gegen einen anderen Menschen richtet. Ein oder mehrere Täter versuchen dabei, ihr Opfer seelisch oder körperlich zu verletzen. Der Anlass für Mobbing ist oft nichtig. Immer sucht sich aber der Täter sein Opfer gezielt aus, um es dann zu drangsalieren. Mobbing findet in einer Gruppe statt, das heißt, neben dem Täter und dem Opfer sind auch weitere Personen beteiligt.

Das Cyber-Mobbing ist eine Sonderform des Mobbings – die Ziele sind die gleichen wie beim „normalen" Mobbing, aber die Methoden sind andere: Die Täter nutzen vor allem Internet- oder Telefondienste, um ihre Opfer zu schikanieren. Diese werden mit SMS, E-Mails oder Anrufen tyrannisiert oder in Internetforen, in Chats oder auf Websites bloßgestellt und beleidigt. Das Gefühl, im Internet anonym unterwegs zu sein, beflügelt manche Täter – und kann zu sehr heftigen Attacken führen. Die Opfer fühlen sich hilflos und allein. Wenn man nichts gegen das Mobbing unternimmt, hört es in der Regel auch nicht auf.

Ego-Shooter

Bei Ego-Shootern handelt es sich um Schießspiele, bei denen der Spieler eine Figur aus der Ich-Perspektive durch eine dreidimensional dargestellte Welt steuert. Zentrale Spielaufgabe ist in der Regel, die Gegner zu erschießen. Kritiker vermuten, dass Ego-Shooter bei Kindern und Jugendlichen gewaltverherrlichend wirken, während Befürworter dieses Spielgenres anbringen, dass Ego-Shooter taktisches Geschick und Reaktionsgeschwindigkeit trainieren. Zu den bekanntesten Ego-Shootern gehören die Counter-Strike-Spiele.

Electronic Sports League

Die Electronic Sports League (ESL) ist eine professionelle Liga für E-Sport, einen Wettkampf zwischen Computerspielern. Inzwischen haben auch deutsche Fußball- vereine, wie Schalke 04, eine eigene E-Sports-Abteilung. Bei großen Turnieren wie z. B. der WM zu dem Spiel League of Legends sind Preisgelder von über 100.000 US-Dollar die Regel. Das WM-Finale von 2016 wurde von über 43 Millionen Menschen weltweit gesehen.

„Fame"

„Fame" ist Englisch und bedeutet „Ruhm". Kinder und Jugendliche nutzen den Begriff auch als Adjektiv, um auszudrücken, dass jemand oder etwas berühmt ist.

Beispiel: *Bibi ist voll fame.*

Filter

Mit Hilfe von Filtern kann man digitale Fotos nachbearbeiten. Apps, wie z. B. Insta- gram und Snapchat, bieten u.a. Augmented-Reality-Filter an, die Gesichter mit Brillen, Bärten, Hundeohren und -zungen sowie anderen Dingen verzieren. Weitere Filter verändern z. B. Farben oder die Helligkeit.

Filterblase/Filter-Bubble

Der Begriff Filterblase wurde von dem Internetaktivisten Eli Pariser geprägt und beschreibt den Zustand, in dem Nutzer nur die Nachrichten, Kommentare und Meldungen in sozialen Netzwerken angezeigt bekommen, die ihrer eigenen Meinung entsprechen. Grund dafür sind Algorithmen, die Inhalte personalisiert auswählen. Diese Algorithmen greifen dazu auf Daten zurück, die im Vorfeld gesammelt wurden und Aufschluss u.a. über Interessen, Vorlieben und Ziele geben.

Follower

„Follower" ist Englisch und bedeutet Anhänger/Verfolger. Der Begriff wird für die Abonnenten eines Nutzers in einem sozialen Netzwerk, wie z. B. Instagram, verwen- det. Je nach Einstellungen werden Follower automatisch oder erst nach Bestätigung durch den „Gefolgten" akzeptiert. Für viele Jugendliche ist die Anzahl an Followern sehr wichtig, da die Zahl anzeigt, wie „fame" man ist.

Beispiel: *Ich habe schon 15 Follower.*

FOMO

FOMO ist eine Abkürzung für „Fear of Missing Out" und bedeutet „die Angst etwas zu verpassen". FOMO beschreibt die Angst, nicht auf dem Laufenden zu sein und wichtige Inhalte oder Ereignisse zu verpassen.

Gamer/Games

„Games" ist Englisch und bedeutet Spiele. In der Regel bezieht sich der Begriff in Deutschland auf digitale Spiele, die auf einem Computer, einer Konsole oder einem Smartphone gespielt werden. Es gibt eine Vielzahl an unterschiedlichen Spielgenres, wie z. B. Adventures, Jump 'n' Runs, Simulationen, Strategiespiele und Geschicklichkeitsspiele. Während Spiele für Computer und Konsolen in der Regel gekauft werden und dann keine weiteren Kosten entstehen, hat sich bei Spielen für Smartphones das Geschäftsmodell „Free-to-play" durchgesetzt. Diese Spiele kann man zwar kostenlos herunterladen und mit Werbeeinblendungen spielen, für (schnelle) Spielerfolge geben Spieler aber dann innerhalb des Spieles echtes Geld aus (siehe In-App Käufe). Personen, die Videospiele spielen, werden dabei oft als „Gamer" bezeichnet.

Gamescom

Die Gamescom ist eine Messe für Video- und Computerspiele. Sie findet seit 2009 jährlich im August in Köln statt. Mit insgesamt 877 Ausstellern und 345.000 Besuchern im Jahr 2016 ist sie die größte Messe für interaktive Unterhaltungselektronik.

Gamification

Unter Gamification versteht man die Einbindung von Spieldesignprinzipien und Spielelementen in spielfremde Anwendungen und Prozesse. So erhält man z. B. in einer Fitness-App Punkte für das Erreichen einer bestimmten Anzahl an getätigten Schritten und kann diesen Punktestand mit Freunden teilen und sich dadurch mit ihnen messen. Ein weiteres Beispiel sind Lern-Apps, in denen z. B. weitere Inhalte erst dann freigeschaltet werden, wenn bestimmte Aufgaben gelöst wurden oder eine bestimmte Punktzahl erreicht wurde.

Hashtag

Der Begriff Hashtag setzt sich zusammen aus den englischen Wörtern „hash" (der Name für das Rautezeichen „#") und „tag" (markieren). Hashtags sind Schlagwörter, die durch das Schriftzeichen „#" markiert werden. Dadurch sind Themen und bestimmte Inhalte in sozialen Netzwerken auffindbar. Populär wurde diese Art der Verschlagwortung durch Twitter. Inzwischen werden Hashtags auch auf so gut wie allen anderen Plattformen genutzt.

Beispiele: Twitter: Neue Kaffeemaschine eingeweiht! #hallowach #kaffee #cafélatte

Hater

„Hate" ist Englisch für Hass. Dementsprechend werden Personen, die sogenannte Hassnachrichten in sozialen Netzwerken posten, „Hater" genannt. Hassnachrichten können sich gegen Privatpersonen und gegen Personen des öffentlichen Lebens richten. Wenn jemand zu einem Kommentar, einem Video oder anderen Inhalten besonders viele Hassnachrichten bekommt, spricht man von einem „Shitstorm".

How-to-Videos

How-to-Videos, auch Tutorials genannt, sind Handlungsanleitungen im Videoformat. Auf Videoplattformen findet man Schritt-für-Schritt-Anleitungen zu allen möglichen Themen. Die Filme sind meist informativ und helfen, neue Fertigkeiten zu erlernen. Man kann z. B. lernen wie man Obstbäume schneidet, Smokey Eyes schminkt oder eine bestimmte Kaffeemaschine entkalkt. Bei Make-Up-Tutorials bekommen die Produzenten nicht selten Geld dafür, dass sie bestimmt Produkte nutzen. Teilweise werden die Produzenten von Firmen dafür bezahlt, damit sie in ihren Videos bestimmte Produkte verwenden und dafür werben (siehe Product Placement).

In-App Käufe

Bei In-App Käufen handelt es sich um Käufe, die aus einer mobilen App heraus getätigt werden. Nutzer tätigen diese Käufe in der Regel, um zusätzliche Inhalte, Spiellevel oder virtuelle Gegenstände zu erwerben. Der Kauf wird direkt in den App Stores, wie z. B. Google Play, abgewickelt. Ca. 30 Prozent der Einnahmen bekommt der Anbieter des App Stores. Gerade zunächst kostenlose Spiele für das Smartphone finanzieren sich durch In-App Käufe, die man teilweise schon für 79 Cent durchführen kann. Aber auch diese kleinen Summen können sich schnell addieren, wenn sie täglich mehrere Male getätigt werden.

Instant-Messaging-Dienst

„Instant Messaging" ist Englisch und bedeutet sofortige Nachrichtenübermittlung. Instant-Messaging-Dienste, auch Messenger genannt, ermöglichen es Nutzern per Textnachricht miteinander zu kommunizieren. Die Nachricht wird sofort an den oder die Empfänger übermittelt und von diesen empfangen, sobald sie online sind. Die meisten Instant-Messaging-Dienste unterstützen auch die Übertragung von Bildern, Audios, Videos und anderen Dateien. Der beliebteste Instant-Messaging-Dienst ist WhatsApp, der seit 2014 zum Unternehmen Facebook Inc. gehört.

Let's Plays

In Let's-Play-Videos werden Computerspiele gespielt und kommentiert. Dazu nimmt ein YouTuber seinen eigenen Bildschirm und sich selbst beim Spielen auf, sodass die Zuschauer das Spielgeschehen nachverfolgen können. Bei manchen Videos ist auch das Spielende selbst zu sehen. Diese Videos werden meist zur reinen Unterhaltung aufgerufen, aber auch von anderen Spielern als Anregung genutzt, um selbst knifflige Spielsituationen zu bewältigen.

Lifehack

„Lifehack" ist Englisch und bedeutet frei übersetzt Lebens-Kniff. Lifehacks dienen dazu, alltägliche Probleme mit einfachen Mitteln auf kreative Art zu lösen, z. B. das Entfernen von Tierhaaren mit einem Gummihandschuh oder das Verstärken eines Ladekabels mit der Feder eines Kugelschreibers.

liken/Likes

In vielen sozialen Netzwerken gibt es einen „Like"-Button. Dieser kann in Form einer Hand mit gehobenen Daumen, einem Herz oder anderen Symbolen vorkommen. Wenn man diesen Button drückt, hat man z. B. ein Video, ein Foto oder einen Kommentar „gelikt". Man zeigt damit, dass einem ein Inhalt gefällt. In der Regel wird die Anzahl der Likes direkt unter dem Inhalt angezeigt. Neben Followern ist die Anzahl an Likes ein Anzeichen für die Beliebtheit eines Nutzers bzw. eines Inhaltes. Bei einigen sozialen Diensten, wie z. B. YouTube, gibt es auch die Möglichkeit ein Video zu „disliken" und somit anzuzeigen, dass einem ein Inhalt nicht gefällt.

Beispiel: *Ich habe schon 100 Likes für mein Foto von der letzten Party.*

Lip Syncing

„Lip Syncing" ist Englisch und bedeutet lippensynchron zu singen. Bei Lip-Sync-Videos bewegen die Nutzer ihre Lippen so zu einer Tonspur, dass der Eindruck entsteht, sie würden selbst sprechen oder singen. Zusammen mit den passenden Bewegungen ahmen sie so z. B. ihre musikalischen Vorbilder nach. Lip-Sync-Videos sind der zentrale Inhalt der App musical.ly, die 2016 bekannt geworden ist, aber auch im Fernsehen und auf YouTube ist Lip Syncing inzwischen bekannt.

Messenger

Siehe Instant-Messaging-Dienst.

Minecraft

Bei Minecraft handelt es sich um ein Open-World-Spiel, das seit 2009 auf dem Markt ist. Zunächst wurde das Spiel nur für PCs veröffentlicht. Inzwischen kann man es auch auf Konsolen und Smartphones spielen. Mit 120 Millionen verkauften Exemplaren ist Minecraft das meistverkaufte Videospiel weltweit. Bei Minecraft gibt es kein vorgegebenes Spielziel. Die Spieler können in der 3D-Welt alleine oder gemeinsam aus meist würfelförmigen Blöcken z. B. Gebäude und Bäume bauen. Man kann Minecraft daher auch als digitales Lego verstehen. Zusätzlich ist es möglich, bestehende oder von anderen Nutzern erstellte Welten zu erkunden. Ein wichtiges Spielelement ist der Abbau von Rohstoffen („mine"), die dann zu Gegenständen weiterverarbeitet werden („craft").

Musicallys

Musicallys sind kurze Videos, die in der App musical.ly erstellt und geteilt werden. Man kann zwei Arten von Musicallys unterscheiden:

1. Klassische, selbstgefilmte Handyvideos mit einer eigenen Bild- und Tonspur. Diese können bis zu 15 Sekunden lang sein, werden meistens mit der Handykamera aufgenommen und direkt hochgeladen.

2. Voll-Playback Videos zu Liedern oder lustigen Zitaten. Für diese Art von Videos hört man sich zunächst die originale Tonspur an. Bei der Aufnahme des Videos wird diese Tonspur erneut abgespielt und man bewegt seine Lippen synchron dazu (Lip Syncing). Die App fügt nun das eigene Video und die originale Tonspur zusammen.

Nerd

„Nerd" ist Englisch und bedeutet Streber, Fachidiot bzw. Computerfreak. Im deutschen Sprachgebrauch meint man in der Regel Computerfreak, wenn man von einem Nerd spricht. Folgende Eigenschaften werden u.a. mit dem Stereotyp Nerd verbunden: intelligent, leidenschaftliches Interesse für Spezialinteressen und Mangel an sozialer Kompetenz. Wurde der Begriff in der Vergangenheit ausschließlich abwertend genutzt, gilt er inzwischen auch teilweise als Auszeichnung für jemanden, der sich mit Computern auskennt.

Netzwerkeffekt

Der Begriff des Netzwerkeffektes kommt aus der Volkswirtschaftslehre. Der Effekt besteht darin, dass der Nutzen eines Gutes mit steigender Nutzerzahl zunimmt. Für soziale Netzwerke trifft dieser Effekt besonders zu. WhatsApp ist u.a. deswegen so erfolgreich, da viele Peers diesen Dienst nutzen. Je mehr Freunde und Bekannte ihn nutzen, desto größer ist der Nutzen. Vor einiger Zeit wurde über die Sicherheit und den Datenschutz bei WhatsApp diskutiert und einzelne Nutzer haben versucht auf andere Messenger umzusteigen. Da sie dort aber kaum andere Personen kontaktieren konnten, stiegen viele wieder auf WhatsApp um.

Open-World-Spiel

Bei Open-World-Spielen, wie z. B. Far Cry oder Grand Theft Auto haben die Spieler wesentlich mehr Freiheiten als bei den klassischen Spielen mit einer linearen Struktur. Man kann sich in der Regel frei in der virtuellen Welt bewegen und muss nicht in einer vorgegebenen Reihenfolge bestimmte Missionen erfüllen oder Level spielen. Einige Open-World-Spiele, wie z. B. Minecraft, ermöglichen es, dass man eigene Gegenstände oder ganze Welten erschaffen kann. Open-World-Spiele erfreuen sich einer wachsenden Beliebtheit.

POPC

„Permanently online, permanently connected" (kurz POPC) bedeutet „immer online, immer verbunden" und beschreibt das Phänomen permanenter Erreichbarkeit in sozialen Netzwerken und Messengern.

posten

Etwas zu posten bedeutet einen Inhalt, wie z. B. ein Video, ein Foto oder einen Kommentar, in einer App, einem sozialen Netzwerk oder einem Internetforum hochzuladen und anderen Nutzern zugänglich zu machen. Der Ursprung des Begriffes liegt bei den gelben Klebezetteln, die man z. B. dafür nutzt, um Nachrichten an einem Kühlschrank zu hinterlassen.

Product Placement

„Product placement" wird mit Produktplatzierung übersetzt und beschreibt die gezielte Darstellung von Produkten in Filmen, Serien, YouTube-Videos etc. gegen Bezahlung. Diese Form der Werbung ist u.a. deshalb so effektiv, da sie von den Konsumenten oft nicht direkt als Werbung wahrgenommen wird. Gerade bei Videos auf Videoplattformen oder in sozialen Netzwerken ist es für Kinder und Jugendliche nicht einfach, Product Placement als Form von Werbung zu identifizieren. Product Placement ist, anders als Schleichwerbung, erlaubt, wenn im Video darauf hingewiesen wird. Dies geschieht in der Regel durch eine kurze Einblendung am Bildschirmrand.

Scripted Reality

Der englische Begriff „Scripted Reality" ist ein Genre des sogenannten Reality-TVs. Beim Reality-TV werden keine fiktiven Inhalte erzählt, sondern es wird versucht die Wirklichkeit darzustellen. So wurden z. B. Polizisten oder Lebensmittelkontrolleure von Kamerateams begleitet und gefilmt. In den letzten Jahren wurden diese reinen Realityformate verstärkt durch Scripted-Reality-Formate ersetzt, die nur vorgeben die Wirklichkeit zu zeigen. Tatsächlich gibt es aber Drehbücher, die von (Laien-) Schauspielern in Szene gesetzt werden. Beispiele sind „Berlin Tag und Nacht" oder „Blaulichtreport".

Selfie

Bei einem Selfie handelt es sich um ein Foto, das man von sich selbst macht. In der Regel wird das Selfie direkt mit einem Smartphone aufgenommen. Es gibt auch die Möglichkeit, das Smartphone an einem Selfie-Stick zu befestigen und so aus einer größeren Entfernung als einer Armlänge zu fotografieren.

Sexting

Der Begriff „Sexting" setzt sich aus „sex" und „texting" zusammen und beschreibt die Kommunikation über sexuelle Inhalte mit Hilfe von Messengern, wie z. B. Snapchat oder WhatsApp. Neben expliziten Textnachrichten können auch eigene Nacktfotos ausgetauscht werden. Gerade bei Jugendlichen besteht die Gefahr, dass die für meist nur eine Person adressierten Inhalte weiterverbreitet werden.

sharen

Das Wort „sharen" kommt vom englischen „to share" und bedeutet teilen. Wenn Nutzer Inhalte in sozialen Netzwerken, wie z. B. Facebook und Instagram, oder auf Plattformen, wie z. B. YouTube, hochladen und anderen Nutzern zugänglich machen, spricht man von „sharen". Der Begriff wird auch verwendet, wenn Nutzer Inhalte anderer Nutzer teilen.

Social Media

Social Media ist ein Überbegriff für digitale Technologien und Medien, die es Nutzern ermöglichen Informationen, Erfahrungen, Eindrücke und Meinungen auszutauschen oder Wissen zu sammeln. Im Gegensatz zu den Massenmedien, die linear funktionieren und den Nutzer eher als Konsumenten sehen, gibt es bei sozialen Medien keine lineare Struktur und Nutzer sind nicht nur passive Konsumenten, sondern aktive Produzenten von Inhalten. Beispiele für soziale Medien sind Foren, Wikis, Bewertungsportale und soziale Netzwerke.

Soziales Netzwerk

Als soziale Netzwerke bezeichnet man die Online-Dienste, die eine virtuelle Gemeinschaft beherbergen. Soziale Netzwerke bieten u. a. die Möglichkeiten ein persönliches Profil zu erstellen, Kontakt-/Freundeslisten zu pflegen, Nachrichten und Inhalte zwischen Nutzern auszutauschen sowie Gruppen zu erstellen. Zu den bekanntesten sozialen Netzwerken gehören Facebook und Twitter für eher private sowie XING für berufliche Zwecke.

Streamen

„Streamen" bedeutet, dass Videos und Musik nicht aus dem Internet heruntergeladen, sondern bei bestehender Internetverbindung kontinuierlich übertragen und abgespielt werden. Die Daten werden dabei nicht auf dem Gerät gespeichert. Sogenannte Streaming-Dienste bieten verschiedene Inhalte, wie z. B. Videos und Musik auf Abruf bereit. Viele Streaming-Dienste, wie z. B. Netflix und Amazon Prime für Filme und Serien sowie Spotify und Deezer für Musik, finanzieren sich über Abo-Modelle. Die Nutzer zahlen einen monatlichen Beitrag und können im Gegenzug auf die Inhalte zugreifen.

Taggen
„Tag" bedeutet Schlagwort und unter taggen versteht man Inhalte, wie z. B. Texte oder Fotos, mit Schlagwörtern zu versehen. Schlagwörter werden dabei oft durch Hashtags angegeben. Bei Fotos ist es z. B. möglich die Personen im Bild zu taggen. Das bedeutet, dass den Bildinformationen oder den Kommentaren hinzugefügt wird, dass eine bestimmte Person auf diesem Bild zu sehen ist.

Troll
Im Internet werden die Autoren und Nutzer von sozialen Netzwerken als Trolle bezeichnet, die bewusst provozierende Beiträge schreiben mit dem Ziel Konflikte zu schüren oder andere Nutzer zu diskreditieren. Inzwischen gibt es auch professionelle Trolle mit politischen Zielen, wie z. B. Propaganda oder der Einflussnahme auf Willensbildungsprozesse und Wahlen.

Tutorial
Siehe How-to-Videos.

Tweet
Als „Tweet" werden die bis zu 140 Zeichen langen Nachrichten bezeichnet, die man bei Twitter verschicken kann. Wenn ein Nutzer einen Tweet eines anderen Nutzers weiterverbreitet, spricht man von einem „Retweet". Wörtlich übersetzt bedeutet „tweet" zwitschern/piepsen.

VR (Virtual Reality)
Der Begriff „Virtual Reality" wird für computergenerierte, dreidimensionale Welten verwendet. Nutzer können durch Ausgabegeräte, wie z. B. Virtual-Reality-Brillen, in diese Welten eintauchen.

Web 2.0
Der 2004 von dem amerikanischen Verleger Tim O'Reilly geprägte Begriff „Web 2.0" wird für interaktive und kollaborative Elemente des Internets genutzt. Im Gegensatz zum Web 1.0, bei dem nur wenige Personen und Organisationen Inhalte für die restlichen Nutzer (Konsumenten) erstellen, können beim Web 2.0 alle Nutzer auch zu Produzenten von Inhalten werden. Unter anderem Wikis, Blogs, Podcasts und soziale Netzwerke werden dem Web 2.0 zugeordnet.

Wikipedia/Wikis
Die Wikipedia ist ein kostenloses Online-Lexikon. Der Begriff setzt sich aus den Begriffen „Wiki" (hawaiisch für „schnell") und „Encyclopedia" zusammen. Ein Wiki ist eine Webseite, die von Nutzern nicht nur aufgerufen, sondern auch geändert werden kann (vgl. Web 2.0). Insgesamt umfasst die Wikipedia über 39 Millionen Artikel, über 2 Millionen davon sind in deutscher Sprache verfasst.

YouTuber

Nutzer, die auf YouTube Videos veröffentlichen, werden „YouTuber" genannt. Der Erfolg von YouTubern misst sich an der Anzahl an Abonnenten, der Views (Videoaufrufe), der Likes und der Kommentare. YouTuber werden an den Werbeeinnahmen beteiligt, die die Plattform mit ihren Videos generiert. Bei einer großen Reichweite können sie außerdem Geld mit Product Placement oder Merchandise (Fanartikeln) verdienen. Zu den erfolgreichsten deutschen YouTubern (Stand Mai 2017) gehören u. a. Bianca Heinicke („BibisBeautyPalace", 4,4 Millionen Abonnenten), Julien Bam (3,8 Millionen Abonnenten), Florian Mundt („LeFloid", 3 Millionen Abonnenten) und Heiko und Roman Lochmann („DieLochis", 2,3 Millionen Abonnenten).

Literaturverzeichnis

BEER, KRISTINA (2016): Professorin für Game Design: „Lernen muss nicht wehtun". In: heise online. Online verfügbar unter: https://www.heise.de/newsticker/meldung/Professorin-fuer-Game-Design-Lernen-muss-nicht-wehtun-3321175.html (zuletzt abgerufen am 12.05.2017).

BEUTH, PATRICK (2016): Alle Ü30: Bitte lesen! musical.ly. In: ZEIT ONLINE, 06.07.2016. Online verfügbar unter: http://www.zeit.de/digital/mobil/2016-07/musically-lively-app-musikindustrie (zuletzt abgerufen am 12.05.2017).

BÜHRING, PETRA (2016): Internetabhängigkeit. Dem realen Leben entschwunden. In: Deutsches Ärzteblatt, 49, S. 2252–2256.

DÖPFNER, MATHIAS (2014): Lieber Eric Schmidt. In: Schirrmann, Frank (Hrsg.): Technologischer Totalitarismus, S. 143–157. Berlin: Suhrkamp.

DÖRING, NICOLA (2015): Smartphones, Sex und Social Media: Erwachsenwerden im Digitalzeitalter. In: TELEVIZION, 28(1), S.12–19.

FLAXMAN, SETH/GOEL, SHARAD/RAO, JUSTIN M. (2016): Filter Bubbles, Echo Chambers, and Online New Consumption. In: Public Opinion Quarterly, 80, S. 298–320.

FEIERABEND, SABINE/PLANKENHORN, THERESA/RATHGEB, THOMAS (2016): JIM 2016 – Jugend, Information, (Multi-) Media. Basisstudie zum Medienumgang 12- bis 19-Jähriger in Deutschland. Stuttgart: Medienpädagogischer Forschungsverbund Südwest.

GAUCK, JOACHIM (2013): Die Freiheit in der Freiheit gestalten. Rede zum Tag der Deutschen Einheit 2013 in Stuttgart. Online verfügbar unter: http://www.bundespraesident.de/SharedDocs/Reden/DE/Joachim-Gauck/Reden/2013/10/131003-Tag-deutsche-Einheit.html (zuletzt abgerufen am 12.05.2017).

KURZ, CONSTANZE (2016): Überwachung. Twitter: Verkauf von Daten, die Nutzer gefährden können. In: Netzpolitik.org. Online verfügbar unter: https://netzpolitik.org/2016/twitter-verkauf-von-daten-die-nutzer-gefaehrden-koennen/ (zuletzt abgerufen am 12.05.2017).

LOBO, SASCHA (2011): Digitale Ungeduld. In: Spiegel Online, 13.07.2011. Online verfügbar unter: http://www.spiegel.de/netzwelt/web/s-p-o-n-die-mensch-maschine-digitale-ungeduld-a-774110.html (zuletzt abgerufen am 12.05.2017).

MAIER, ROBERT M. (2014): Angst vor Google. In: Schirrmann, Frank (Hrsg.): Technologischer Totalitarismus, S. 118–129. Berlin: Suhrkamp.

OFCOM (HRSG.) (2015): Children and parents: media use and attitudes report 2015. Online verfügbar unter: https://www.ofcom.org.uk/__data/assets/pdf_ file/0024/78513/childrens_parents_nov2015.pdf (zuletzt abgerufen am 12.05.2017).

ORDE, HEIKE VOM (2012): Kinder, Jugendliche und Reality-TV. Eine Zusammenfassung ausgewählter Forschungsergebnisse. In: TELEVIZION, 25(1), S. 40–43.

PROJEKTGRUPPE ARD/ZDF-MULTIMEDIA (2016): Kernergebnisse der ARD/ZDF-Online-studie 2016. Online verfügbar unter: http://www.ard-zdf-onlinestudie.de/fileadmin/ Onlinestudie_2016/Kern-Ergebnisse_ARDZDF-Onlinestudie_2016.pdf (zuletzt abgerufen am 12.05.2017).

RACK, STEFANIE/SAUER, FABIAN (2015): AlwaysON. Arbeitsmaterial für den Unterricht – Heft 1 (Mobile Medien – Neue Herausforderungen). Ludwigshafen: klicksafe.

RÖNNE, RONJA VON (2012): Heute ist leider schlecht. Beschwerden ans Leben. Frankfurt am Main: S. Fischer.

ROSA, HARTMUT (2016): Resonanz. Eine Soziologie der Weltbeziehung. Berlin: Suhr-kamp.

SCHIRRMACHER, FRANK (2014): Seine Waffe ist die Aufklärung. In: Frankfurter Allgemei-ne Zeitung, 05.06.2014. Online verfügbar unter: http://www.faz.net/aktuell/ feuilleton/debatten/zum-friedenspreis-fuer-jaron-lanier-12974969.html (zuletzt abgerufen am 12.05.2017).

SCHIRRMANN, FRANK (HRSG.) (2014): Technologischer Totalitarismus. Berlin: Suhr-kamp.

SCHULDT, CHRISTIAN (2015): Youth Economy. Die Jugendstudie des Zukunftsinstituts. Frankfurt am Main: Zukunftsinstitut.

TURNER, FRED (2016): Maschinenträume. In: Frankfurter Allgemeine Sonntagszeitung, 48, S. 55.

VORDERER, PETER/KLIMMT CHRISTOPH (2016): Das neue Normal. In: ZEIT ONLINE, 11.02.2016. Online verfügbar unter: http://www.zeit.de/2016/05/online-kommunikation-leben-alltag-auswirkungen (zuletzt abgerufen am 12.05.2017).

WALLER, GREGOR/WILLEMSE, ISABEL/GENNER, SARAH/LILIAN, SUTER/SÜSS, DANEL (2016): JAMES – Jugend, Aktivitäten, Medien – Erhebung Schweiz. Ergebnisbericht zur JAMES-Studie 2016. Zürich: Zürcher Hochschule für Angewandte Wissenschaften.

ZÜHLSDORFF, HENINNG (2016): Mobbingstudie deckt Handlungsbedarf auf. Online verfügbar unter: http://www.leuphana.de/news/meldungen/titelstories/mobbing-studie.html (zuletzt abgerufen am 12.05.2017).

Bildquellen

Illustrationen: Mario Ellert, Bremen

50   iStockphoto.com, Calgary (bombuscreative)

62   Shutterstock.com, New York (Worawee Meepian)

68   Shutterstock.com, New York (txking)

74   iStockphoto.com, Calgary (mactrunk)